PROCESSO ADMINISTRATIVO TRIBUTÁRIO
— princípios, vícios e efeitos jurídicos —

Conselho Editorial
André Luís Callegari
Carlos Alberto Molinaro
César Landa Arroyo
Daniel Francisco Mitidiero
Darci Guimarães Ribeiro
Draiton Gonzaga de Souza
Elaine Harzheim Macedo
Eugênio Facchini Neto
Gabrielle Bezerra Sales Sarlet
Giovani Agostini Saavedra
Ingo Wolfgang Sarlet
José Antonio Montilla Martos
Jose Luiz Bolzan de Morais
José Maria Porras Ramirez
José Maria Rosa Tesheiner
Leandro Paulsen
Lenio Luiz Streck
Miguel Àngel Presno Linera
Paulo Antônio Caliendo Velloso da Silveira
Paulo Mota Pinto

Dados Internacionais de Catalogação na Publicação (CIP)

M528p Melo, Fábio Soares de.
Processo administrativo tributário : princípios, vícios e efeitos jurídicos / Fábio Soares de Melo. – 2. ed., rev. e atual. – Porto Alegre : Livraria do Advogado, 2018.
164 p. ; 23 cm.
Inclui bibliografia.
ISBN 978-85-9590-003-5

1. Administração e processo tributário - Brasil. I. Título.

CDU 35.077.3:336.2(81)
CDD 343.81040269

Índice para catálogo sistemático:
1. Administração e processo tributário : Brasil   35.077.3:336.2(81)

(Bibliotecária responsável: Sabrina Leal Araujo – CRB 10/1507)

Fábio Soares de Melo

PROCESSO ADMINISTRATIVO TRIBUTÁRIO

— princípios, vícios e efeitos jurídicos —

2ª EDIÇÃO
revista e atualizada

Porto Alegre, 2018

© Fábio Soares de Melo, 2018

(Edição finalizada em agosto/2017)

Capa, projeto gráfico e diagramação
Livraria do Advogado Editora

Revisão
Rosane Marques Borba

Direitos desta edição reservados por
Livraria do Advogado Editora Ltda.
Rua Riachuelo, 1300
90010-273 Porto Alegre RS
Fone: 0800-51-7522
editora@livrariadoadvogado.com.br
www.doadvogado.com.br

Impresso no Brasil / Printed in Brazil

Aos meus pais, José Eduardo e Maria Constança Soares de Melo, pelos incontáveis exemplos de vida e oportunidades, com muito amor e gratidão.

Aos meus queridos irmãos, Márcia e Eduardo, com carinho, amizade e cumplicidade.

Sumário

Apresentação..11

Introdução..15

1. Processo Administrativo Tributário – fundamento constitucional................17
   1.1. Dignidade constitucional..17
   1.2. Imprescindibilidade, relevância e necessidade.........................19

2. Princípios aplicáveis ao Processo Administrativo Tributário....................23
   2.1. Noções de princípio...23
   2.2. Princípios de natureza constitucional...................................27
      2.2.1. Legalidade..27
      2.2.2. Contraditório..31
      2.2.3. Ampla defesa..33
      2.2.4. Devido processo legal..35
      2.2.5. Duplo grau de jurisdição..37
      2.2.6. Segurança jurídica...39
   2.3. Princípios gerais de natureza administrativa.........................43
      2.3.1. Legalidade..43
      2.3.2. Impessoalidade...44
      2.3.3. Moralidade...45
      2.3.4. Publicidade..47
      2.3.5. Eficiência...48
      2.3.6. Interesse público...50
      2.3.7. Proporcionalidade e razoabilidade..........................51
      2.3.8. Questão conexa. Praticabilidade.............................52
   2.4. Princípios específicos de natureza processual administrativa...54
      2.4.1. Motivação..55
      2.4.2. Verdade material e valoração das provas................58
      2.4.3. Celeridade..61
      2.4.4. Gratuidade...63
      2.4.5. Questão conexa. Informalidade..............................64

3. Noções gerais do ato administrativo, do lançamento e do auto de infração...67
   3.1. Ato Administrativo...67
      3.1.1. Conceito...67
      3.1.2. Requisitos ou elementos...69
         3.1.2.1. Sujeito ou competência...70
         3.1.2.2. Forma...71
         3.1.2.3. Objeto...72
         3.1.2.4. Motivo...73
         3.1.2.5. Finalidade...74
      3.1.3. Atributos...74
         3.1.3.1. Presunção de legitimidade...75
         3.1.3.2. Imperatividade...76
         3.1.3.3. Autoexecutoriedade...77
      3.1.4. Formas de invalidação...78
   3.2. Lançamento...79
      3.2.1. Conceito...79
      3.2.2. Modalidades...84
         3.2.2.1. Lançamento por declaração...84
         3.2.2.2. Lançamento de ofício...86
         3.2.2.3. Lançamento por homologação...88
      3.2.3. Auto de infração...91

4. **Vícios dos atos jurídicos processuais**...95
   4.1. Considerações acerca da teoria das nulidades no Direito Civil...95
   4.2. Aplicação da teoria das nulidades do Direito Civil ao Direito Administrativo...97
   4.3. Efeitos dos vícios intrínsecos ao ato administrativo...99
   4.4. Espécies de vícios dos atos administrativos...102
   4.5. Ato nulo e ato anulável. Considerações adicionais...102
   4.6. Nulidade relativa e nulidade absoluta. Considerações adicionais...104
   4.7. Disciplina normativa da nulidade no processo administrativo tributário..105

5. **Inobservância aos princípios, consequentes vícios e efeitos jurídicos processuais**...111
   5.1. Pressupostos Básicos...111
   5.2. Situações específicas...112
      5.2.1. Falta de entrega ao contribuinte dos elementos que embasam o lançamento...112
      5.2.2. Inexistência de nexo entre o relato da infração, os dispositivos infringidos e a capitulação da multa...122
      5.2.3. Ausência de apreciação de todos os argumentos do contribuinte e da Fazenda pelo julgador tributário...127
      5.2.4. Impossibilidade de saneamento das omissões, inexatidões, incorreções e irregularidades pelo julgador tributário...131

5.2.5. Decisões que extrapolam os limites do lançamento..................135
5.2.6. Impossibilidade de embasar lançamento em resposta da consultoria tributária a contribuinte distinto (efeito "inter partes" *versus* efeito "erga omnes")...................138
5.2.7. Desrespeito à ordem legal de preferência para ciência do lançamento..................142
5.2.8. Violação ao princípio da não cumulatividade no lançamento.........146
5.2.9. Incompetência do órgão julgador..................152

Conclusões..................155

Referências bibliográficas..................161

Apresentação

Em virtude das considerações pontuadas, o propósito do trabalho vertente consiste em examinar os aspectos relevantes do processo administrativo tributário, nos âmbitos federal, estadual (especificamente o Estado de São Paulo), e municipal (especificamente o Município de São Paulo), à luz dos princípios de natureza constitucional, dos princípios gerais de natureza administrativa, e dos princípios de natureza processual administrativa, de forma a examinar os vícios que o maculam e acabam por comprometer não apenas a tramitação processual propriamente dita, mas também os próprios requisitos de liquidez e de certeza imprescindíveis à constituição do crédito tributário, considerando os requisitos e atributos do ato administrativo e a teoria das nulidades.

Assim, por meio da adoção do método analítico resultante do exame do Direito positivo, da doutrina (nacional e estrangeira), e da jurisprudência (administrativa e judicial), buscar-se-á verificar circunstâncias fáticas e jurídicas relativas à inobservância aos princípios em comento, consequentes vícios e efeitos jurídicos processuais decorrentes, por intermédio de uma análise teórica e prática.

Aludida análise se mostra de fundamental relevância, pois são inúmeras as situações processuais em que se identificam vícios processuais decorrentes da inobservância e do frontal desrespeito aos princípios em referência, os quais maculam de nulidade ou de anulabilidade o processo administrativo tributário (federal, estadual, distrital e municipal).

Ressaltamos que o exame do Direito positivo, assim entendido como o universo das normas jurídicas vigentes no ordenamento jurídico brasileiro, dar-se-á pela adoção da linguagem científica pertinente à Ciência do Direito.

O presente trabalho, portanto, encontra-se estruturado em cinco capítulos distintos.

No Capítulo 1, será abordada a dignidade conferida ao processo administrativo tributário pelo legislador constituinte no âmbito do Texto Constitucional de 1988, por intermédio da formulação de considerações acerca de sua imprescindibilidade, relevância e necessidade, como forma de tentativa de dirimir os conflitos existentes entre Fisco e contribuinte e de conferir legitimidade à constituição do crédito tributário.

Por sua vez, no Capítulo 2, examinaremos as noções de princípio, mediante análise detida dos conceitos apresentados pela doutrina altamente especializada. Ato subsequente, passaremos a apreciar os princípios aplicáveis ao processo administrativo tributário, quais sejam: de natureza constitucional, gerais de natureza administrativa, e específicos de natureza processual administrativa.

Iniciaremos discorrendo sobre os princípios de natureza constitucional, quais sejam: legalidade, contraditório, ampla defesa, devido processo legal, duplo grau de jurisdição e segurança jurídica.

Impõe observar que não serão estudados os princípios constitucionais, gerais e específicos, aplicáveis às relações jurídicas tributárias, tais como federativo, republicano, autonomia municipal, anterioridade, capacidade contributiva, igualdade, irretroatividade, liberdade de tráfego, vedação de confisco, progressividade, seletividade etc., em virtude da necessidade de se estabelecer um corte metodológico, tendo em vista que a temática central do presente estudo objetiva analisar, exclusivamente, os princípios de natureza constitucional diretamente aplicáveis ao processo administrativo tributário.

Nesse mesmo Capítulo 2, trataremos dos princípios gerais de natureza administrativa (legalidade, impessoalidade, moralidade, publicidade, eficiência, interesse público, proporcionalidade e razoabilidade).

No que concerne à praticabilidade, mister se faz ressaltar que dedicaremos subtópico específico (intitulado "Questão Conexa"), já que, com a devida vênia, ousamos divergir de respeitável entendimento doutrinário que a caracteriza como verdadeiro princípio administrativo, conforme será demonstrado no presente trabalho.

Finalmente, ainda no Capítulo 2, discorreremos acerca dos princípios específicos de natureza processual administrativa, dentre os quais: motivação, verdade material e valoração das provas, celeridade e gratuidade. Salientamos que a informalidade será estudada na qualidade de "Questão Conexa", pois, em nosso entendimento, não se caracterizaria na qualidade de princípio específico de natureza processual administrativa, como será demonstrado no decorrer deste estudo.

No Capítulo 3, examinaremos o ato administrativo, tecendo considerações gerais sobre seu conceito, requisitos e elementos (sujeito e competência, forma, objeto, motivo e finalidade), atributos (presunção de legitimidade, imperatividade e autoexecutoriedade), e respectivas formas de invalidação.

Ainda nesse capítulo, abordaremos o instituto do lançamento, por intermédio de seu conceito e modalidades (declaração, ofício e homologação), especificamente no âmbito da doutrina especializada e da jurisprudência.

Ao final do Capítulo 3, dedicaremos especial atenção à figura do auto de infração, como ato administrativo de lançamento, de fundamental relevância ao processo administrativo tributário.

O Capítulo 4 refere-se, exclusivamente, aos vícios dos atos jurídicos processuais, por meio da análise da "Teoria das Nulidades", efeitos dos vícios intrínsecos ao ato administrativo, espécies de vícios (ato nulo e ato anulável), consequências (nulidade relativa e nulidade absoluta), e disciplina normativa no processo administrativo tributário.

No Capítulo 5, adotando como premissa o ponto de intersecção entre a teoria e a prática, teremos a oportunidade de demonstrar, em exemplos específicos, que, no âmbito do processo administrativo tributário, a inobservância aos princípios abordados pode implicar vícios processuais que, por via de consequência jurídica, eventualmente comprometerão a constituição do crédito tributário.

Nesse sentido, analisaremos os pressupostos básicos e as seguintes situações específicas: (i) falta de entrega ao contribuinte dos elementos que embasam o lançamento; (ii) inexistência de nexo entre o relato da infração, os dispositivos infringidos, e a capitulação da multa; (iii) ausência de apreciação de todos os argumentos do contribuinte e da Fazenda pelo julgador tributário; (iv) impossibilidade de saneamento das omissões, inexatidões, incorreções e irregularidades pelo julgador tributário; (v) decisões que extrapolam os limites do lançamento; (vi) impossibilidade de embasar lançamento em resposta da consultoria tributária a contribuinte distinto – efeito *inter partes versus* efeito *erga omnes*; (vii) desrespeito à ordem legal de preferência para ciência do lançamento; (viii) violação ao princípio da não cumulatividade no lançamento; e (ix) incompetência do órgão julgador.

Por sua vez, o trabalho é finalizado em capítulo independente, em que são compreendidas as conclusões alcançadas ao longo do presente estudo.

Introdução

O trabalho que ora se apresenta tem por finalidade precípua abordar os aspectos relevantes atinentes ao processo administrativo tributário, nos âmbitos federal, estadual, distrital e municipal. Tal processo, ressalte-se, deve necessariamente pautar-se pelos princípios de natureza constitucional, pelos princípios gerais de natureza administrativa, e pelos princípios de natureza processual administrativa.

Isso porque revela-se extremamente corriqueira a identificação de vícios que maculam o processo administrativo tributário nas aludidas esferas, comprometendo, por via de consequência jurídica, tanto a tramitação processual quanto os requisitos de liquidez e de certeza imprescindíveis à constituição do crédito tributário.

É cediça a inconteste divergência jurisprudencial (administrativa e judicial) e doutrinária (nacional e estrangeira) acerca dos assuntos a serem aqui abordados, que comportam inúmeras e, em alguns dos casos, aparentemente intermináveis discussões jurídicas, de forma que pretendemos, tão somente, contribuir de algum modo ao estudo e à aplicação do processo administrativo tributário no âmbito do vigente ordenamento jurídico brasileiro.

Cumpre-nos, nesse sentido, pontuar determinados limites ao estudo vertente, em decorrência de sua amplitude, tomando por fundamento a circunstância de que toda e qualquer ciência requer um corte metodológico, de forma a restringir o campo objeto de investigação dos fenômenos que se busca conhecer.

Destarte, por intermédio do exame do Texto Constitucional de 1988, dos principais dispositivos normativos de regência,[1] da dou-

---

[1] Lei nº 9.784, de 29 de janeiro de 1999 (que regula o processo administrativo no âmbito da Administração Pública Federal); Decreto federal nº 70.235, de 6 de março de 1972; Lei Complementar do Estado de São Paulo nº 939, de 3 de abril de 2003 (que instituiu o Código de Direitos, Garantias e Obrigações do Contribuinte no Estado de São Paulo); Lei do Estado de São Paulo nº 13.457, de 18 de março de 2009 (que dispõe sobre o processo administrativo

trina (nacional e estrangeira), e da jurisprudência (administrativa e judicial), abordaremos (i) o fundamento constitucional do processo administrativo tributário; (ii) sua imprescindibilidade como forma de tentativa de solução dos conflitos instaurados entre Fisco e contribuinte; (iii) noções de princípio; (iv) os princípios aplicáveis ao processo administrativo tributário; (v) noções gerais acerca do ato administrativo, do lançamento e do auto de infração; (vi) teoria das nulidades; e (vii) inobservância aos princípios, consequentes vícios e efeitos jurídicos processuais decorrentes, adotando como premissa o ponto de intersecção entre a teoria e a prática, por intermédio da demonstração de exemplos correntes.

Observamos que este estudo compreenderá, exclusivamente, a análise do processo administrativo tributário federal, do processo administrativo tributário no âmbito do Estado de São Paulo, e do processo administrativo tributário na esfera do Município de São Paulo, em face das experiências resultantes da gratificante e honrosa oportunidade do exercício da função administrativa de julgamento exercida no Conselho Administrativo de Recursos Fiscais do Ministério da Fazenda,[2] Tribunal de Impostos e Taxas da Secretaria dos Negócios da Fazenda do Estado de São Paulo,[3] do Conselho Municipal de Tributos da Secretaria de Finanças de São Paulo,[4] bem como do desempenho da advocacia profissional nos demais tribunais administrativos e judiciais do País.

---

tributário decorrente de lançamento de ofício e dá outras providências); Lei do Município de São Paulo nº 14.141, de 27 de março de 2006 (que dispõe sobre o processo administrativo na Administração Pública Municipal); Lei nº 14.107, de 12 de dezembro de 2005, do Município de São Paulo. Observamos que o Decreto federal nº 7.574, de 29 de setembro de 2011, embora trate de matéria concernente ao processo administrativo tributário federal, não foi compreendido no presente estudo, pois entendemos reproduzir e não revogar os comandos normativos contidos no Decreto federal nº 70.235, de 6 de março de 1972.

[2] 2010.
[3] Biênios 2004/2005 e 2008/2009.
[4] Biênio 2006/2008.

1. Processo Administrativo Tributário – fundamento constitucional

1.1. Dignidade constitucional

No intuito de atribuir imprescindibilidade constitucional ao processo administrativo tributário, o artigo 5º, inciso LV, do Texto Constitucional de 1988, estabelece que, *verbis:*

Art. 5º

(...)

LV – aos litigantes, em processo judicial ou administrativo, e aos acusados em geral são assegurados o contraditório e a ampla defesa, com os meios e recursos a ela inerentes.

Dessa forma, o legislador constituinte confere o indubitável direito e garantia fundamental ao contribuinte de percorrer a esfera administrativa tributária, de maneira a garantir o exercício de sua ampla defesa, por intermédio do devido processo legal, sem que haja quaisquer óbices, de forma irrestrita e incondicional.

O processo administrativo tributário decorre das divergências oriundas da relação Fisco e contribuinte. De um lado, encontra-se o Fisco, que almeja o recebimento de determinada quantia considerada como devida, decorrente do descumprimento de obrigação principal e/ou acessória; e, de outro, o contribuinte, que sustenta a impossibilidade de sua exigência por entendê-la como indevida.

Em virtude da necessidade de obter a solução dos conflitos existentes entre Fisco e contribuinte, deve haver a previsão de um processo administrativo tributário, além do processo judicial, em que sejam assegurados os atributos essenciais da ampla defesa, do contraditório, bem como dos meios e recursos inerentes.

Adicionalmente à expressa previsão contida no inciso LV do artigo 5º da Constituição Federal de 1988, deve-se salientar que o processo administrativo tributário decorreria, da mesma forma, da aplicação sistemática do inciso LIV do artigo em referência, ao dispor que "ninguém será privado de sua liberdade ou de seus bens sem o devido processo legal"; bem como da alínea "a" do inciso XXIV do aludido artigo, ao estabelecer que "são a todos assegurados, independentemente do pagamento de taxas (...) o direito de petição aos Poderes Públicos em defesa de direitos ou contra ilegalidade ou abuso de poder".

A esse respeito, o artigo 146, inciso III, alínea "b", do Texto Constitucional de 1988[5] dispõe que a lei complementar deve estabelecer normas gerais em matéria de legislação tributária, especialmente sobre obrigação tributária, crédito tributário e seu respectivo lançamento.

E a garantia do processo administrativo tributário, no âmbito da legislação complementar, encontra-se em diversos dispositivos contidos no Código Tributário Nacional (CTN), aprovado pela Lei nº 5.172, de 25 de outubro de 1966, recepcionado pela nova ordem constitucional com *status* de lei complementar, especialmente nos artigos 145, 151, inciso III, e 201, a saber:

> Art. 145. O lançamento regularmente notificado ao sujeito passivo só pode ser alterado em virtude de:
> I – impugnação do sujeito passivo;
> II – recurso de ofício;
> III – iniciativa de ofício da autoridade administrativa, nos casos previstos no art. 149.
> (...)
> Art. 151. Suspendem a exigibilidade do crédito tributário:
> (...)
> III – as reclamações e os recursos, nos termos das leis reguladoras do processo administrativo;
> (...)
> Art. 201. Constitui dívida ativa tributária a proveniente de crédito dessa natureza, regularmente inscrita na repartição administrativa competente, depois de esgotado o prazo fixado, para pagamento, pela lei ou por decisão final proferida em processo regular.
> (...).

---
[5] "Art. 146. Cabe à lei complementar: (...) III – estabelecer normas gerais em matéria de legislação tributária, especialmente sobre: (...) b) obrigação, lançamento, crédito, prescrição e decadência tributários".

Dos artigos transcritos, depreende-se que (i) o lançamento é passível de revisão pela autoridade competente em razão de impugnação pelo sujeito passivo na esfera administrativa; (ii) as reclamações apresentadas e os recursos interpostos pelo sujeito passivo suspendem a exigibilidade do crédito tributário; e (iii) a Fazenda Pública apenas poderá inscrever a dívida ativa para posterior cobrança na esfera judicial, na hipótese de haver, previamente, um processo regular, cuja decisão tenha reconhecido a existência da referida dívida e que se tenha esgotado o respectivo prazo para pagamento. Destarte, importante observar que resulta da interpretação sistemática do próprio Código Tributário Nacional a existência do processo administrativo tributário.

Assim sendo, tanto o Texto Constitucional de 1988 quanto o Código Tributário Nacional, em plena compatibilização com a Constituição Federal de 1988, asseguram ao contribuinte o processo administrativo fiscal, como verdadeiro instrumento de ajuste das relações tributárias, devidamente pautado pela ampla defesa e pelo contraditório, vedando quaisquer limitações a recursos ou aos meios necessários para que se torne possível o exercício de defesa de forma irrestrita e incondicional.

1.2. Imprescindibilidade, relevância e necessidade

A efetiva cobrança do crédito tributário resulta da inerente e necessária inscrição do débito fiscal em dívida ativa pela autoridade competente, atendidos os requisitos de liquidez e de certeza, necessários à formação do título executivo imprescindível ao processo de execução fiscal.

No entanto, carece de qualquer valor lógico ou jurídico

> (...) persistir na cobrança de crédito tributário errônea ou indevidamente constituído sob alegações de cunho meramente formais ou operacionais. (...) Essa conclusão tem o intuito de evitar e prevenir a cobrança e a execução judicial indevida de valor total ou maior do que o devido ou quando provado que não ocorreu infração à lei tributária. Tal entendimento busca preservar o respeito à legalidade, à verdade material, ao direito de petição e à segurança jurídica que devem nortear a constituição, o lançamento, o julgamento, a cobrança e a execução do crédito tributário.[6]

---

[6] QUEIROZ, Mary Elbe. "A Revisão do Lançamento Tributário (o Controle do Ato de Lançamento como Fator de Segurança Jurídica)". *In*: ROCHA, Valdir de Oliveira (coord.). *Processo Administrativo Fiscal*. 6º vol. São Paulo: Dialética, 2002, p. 115/139.

Aludidas razões jurídicas, por si só, já seriam suficientes para justificar a existência e a necessidade do processo administrativo tributário almejando a solução dos litígios de natureza jurídica tributária no âmbito da Administração Pública.

O exame atento da questão jurídica vertente, a mais balizada e respeitável doutrina acerca do processo administrativo tributário (Alberto Xavier,[7] Eduardo Domingos Bottallo,[8] José Antonio Minatel,[9] José Eduardo Soares de Melo,[10] Marcos Vinicius Neder e Maria Teresa Martínez López,[11] Ricardo Mariz de Oliveira[12] e Wagner Balera,[13] dentre outros), permite apontar os principais argumentos fáticos e jurídicos que, indubitavelmente, ratificam a importância do processo administrativo tributário no âmbito do Poder Executivo, a saber:

i) controle de legalidade do lançamento tributário;

ii) suspensão da exigibilidade do crédito tributário, nos termos do artigo 151, inciso III, do Código Tributário Nacional, aprovado pela Lei nº 5.172, de 25 de outubro de 1966;

iii) verificação dos requisitos de liquidez e de certeza inerentes ao crédito tributário, nos termos dos artigos 201 a 204 do Código Tributário Nacional[14] e da Lei nº 6.830, de 22 de setembro de 1980 (Lei de Execução Fiscal);

---

[7] XAVIER, Alberto. *Do Lançamento. Teoria Geral do Ato, do Procedimento e do Processo Tributário.* 2ª ed. Rio de Janeiro: Forense, 1997.

[8] BOTTALLO, Eduardo Domingos. *Curso de Processo Administrativo Tributário.* São Paulo: Malheiros, 2006.

[9] MINATEL, José Antonio. "Dupla Instância, Formação Paritária e Avocatória no Processo Administrativo Tributário". In: ROCHA, Valdir de Oliveira (coord.). *Processo Administrativo Fiscal.* 4º vol. São Paulo: Dialética, 1999.

[10] MELO, José Eduardo Soares de. *Processo Tributário Administrativo e Judicial.* 2ª ed. São Paulo: Quartier Latin, 2009.

[11] NEDER, Marcos Vinicius; LÓPEZ, Maria Teresa Martínez. *Processo Administrativo Fiscal Federal Comentado.* São Paulo: Dialética, 2002.

[12] OLIVEIRA, Ricardo Mariz de. "O Processo Fiscal Federal na Visão da Defesa". In: ROCHA, Valdir de Oliveira (coord.). *Processo Administrativo Fiscal.* 4º vol. São Paulo: Dialética, 1999.

[13] BALERA, Wagner. *Processo Administrativo Tributário.* São Paulo: RT, 1999.

[14] "Art. 201. Constitui dívida ativa tributária a proveniente de crédito dessa natureza, regularmente inscrita na repartição administrativa competente, depois de esgotado o prazo fixado, para pagamento, pela lei ou por decisão final proferida em processo regular.
Art. 202. O termo de inscrição da dívida ativa, autenticado pela autoridade competente, indicará obrigatoriamente: I – o nome do devedor e, sendo caso, o dos co-responsáveis, bem como, sempre que possível, o domicílio ou a residência de um e de outros; II – a quantia devida e a maneira de calcular os juros de mora acrescidos; III – a origem e a natureza do crédito, mencionada especificamente a disposição em lei em que seja fundado; IV – a data em que foi inscrita; V – sendo caso, o número do processo administrativo de que se originar o crédito.

iv) observância à prerrogativa da autotutela dos atos administrativos, em conformidade com as Súmulas n°s 346 e 473, editadas pelo Egrégio Supremo Tribunal Federal (STF);[15]

v) respeito aos princípios do contraditório, da ampla defesa, do devido processo legal, da legalidade, da eficiência, do interesse público, do direito de petição, da razoabilidade e da duplicidade de instância;

vi) irrestrita e incondicional obediência ao princípio da segurança jurídica, zelando e garantindo a aplicação e a efetividade dos demais princípios que regulam o Direito, de forma a limitar a atuação da Administração Pública, por meio da subordinação à sua efetiva observância;

vii) a especialização (conhecimento técnico e jurídico) dos julgadores tributários na esfera administrativa confere maior possibilidade de que os contribuintes alcancem a tão almejada "justiça fiscal". Em outras palavras, em decorrência da *expertise* e do alto grau de conhecimento acerca da matéria fiscal e processual, em tese, é coerente que a apreciação e o julgamento da lide administrativa ocorram "com maior precisão", "com maior rigor de detalhes técnicos e jurídicos", caso comparados ao julgamento promovido no âmbito judicial. E tal alegação explica-se pela simples circunstância de que os julgadores administrativos costumam atuar, em sua maioria absoluta, nos campos da contabilidade, da fiscalização, da auditoria, da tributação etc.;

viii) exercício da busca pela verdade material, por intermédio do exame pormenorizado e da valoração das provas carreadas aos autos pelas partes (tanto pelas autoridades fazendárias quanto pe-

---

Parágrafo único. A certidão conterá, além dos requisitos deste artigo, a indicação do livro e da folha da inscrição.

Art. 203. A omissão de quaisquer dos requisitos previstos no artigo anterior ou o erro a eles relativo são causas de nulidade da inscrição e do processo de cobrança dela decorrente, mas a nulidade poderá ser sanada até a decisão de primeira instância, mediante substituição da certidão nula, devolvido ao sujeito passivo, acusado ou interessado, o prazo para defesa, que somente poderá versar sobre a parte modificada.

Art. 204. A dívida regularmente inscrita goza de presunção de certeza e liquidez e tem o efeito de prova pré-constituída. Parágrafo único. A presunção a que se refere este artigo é relativa e pode ser ilidida por prova inequívoca, a cargo do sujeito passivo ou do terceiro a que aproveite".

[15] Súmula do STF nº 346: "A Administração Pública poderá declarar a nulidade dos seus próprios atos". Súmula do STF nº 473: "A administração pode anular seus próprios atos quando eivados de vícios que os tornam ilegais, porque deles não se originam direitos; ou revogá-los, por motivo de conveniência ou oportunidade, respeitados os direitos adquiridos e ressalvada, em todos os casos, a apreciação judicial".

los contribuintes), ao passo que, no âmbito do processo judicial, em circunstâncias específicas, as provas sequer são objeto de análise;

ix) intuito de evitar que a Administração Pública arque com eventual ônus de sucumbência no âmbito do processo judicial tributário; e

x) propósito de facultar a possibilidade de que o contribuinte, no decorrer do processo administrativo tributário, opte pela adesão de eventual parcelamento especial, anistia, remissão, dentre outras espécies normativas que viabilizem a extinção da exigência fazendária em conformidade com sua possibilidade econômica.

Dessa forma, em razão dos argumentos jurídicos apontados, não resta dúvida acerca da imprescindibilidade, da relevância e da necessidade do processo administrativo tributário, nos âmbitos federal, estadual, distrital e municipal, ao qual fora conferida efetiva dignidade constitucional.

2. Princípios aplicáveis ao Processo Administrativo Tributário

2.1. Noções de princípio

Antes de discorrermos, de forma específica e pormenorizada, sobre os princípios aplicáveis ao processo administrativo tributário, revela-se de fundamental importância tecermos considerações acerca das "noções de princípio" existentes na doutrina pátria.

O sistema jurídico pátrio apresenta rigidez em sua hierarquia normativa, de forma que as normas jurídicas inferiores encontram fundamento de validade nas normas jurídicas superiores até que se alcance o Texto Constitucional, de maneira que a unidade do ordenamento deriva da relação de interdependência e irradiação de efeitos decorrentes das aludidas normas jurídicas.

Nas lições de Noberto Bobbio,[16] é imprescindível que:

> (...) para que se possa falar de uma ordem, é necessário que os entes que a constituam não estejam somente em relacionamento com o todo, mas também num relacionamento de ocorrência entre si. Quando nos perguntamos se um ordenamento jurídico constitui um sistema, nos perguntamos se as normas que o compõem estão num relacionamento de coerência entre si, e em que condições é possível esta relação.

A esse respeito, José Eduardo Soares de Melo[17] esclarece que:

> O sistema jurídico contempla uma gama de preceitos, comandos, normas e princípios dispostos nas inúmeras manifestações dos Poderes Públicos. O elenco de regras constantes do universo jurídico deve respaldar-se em normas de categoria diferenciada, de índole superior, que constituem o alicerce, a base, o fundamento

---

[16] BOBBIO, Noberto. *Teoria do Ordenamento Jurídico (Teoria dell' Ordinamento Giuridico)*. 10ª ed. Tradução de Maria Celeste C. J. Santos. Brasília: Universidade de Brasília, 1999, p. 19.

[17] MELO, José Eduardo Soares de. *Curso de Direito Tributário*. 9ª ed. São Paulo: Dialética, 2010, p. 13.

do edifício normativo, tendo por finalidade formar e informar os demais preceitos ditados pelos órgãos competentes.

A Constituição Federal estabelece um sistema escalonado de normas, representado por uma autêntica pirâmide jurídica que, visualizada de baixo para cima, compreende num patamar inicial o seu próprio alicerce, denominado "princípios" (...).

Por sua vez, especificamente no que concerne aos "princípios", Celso Antônio Bandeira de Mello[18] ensina-nos que:

> Princípio é, pois, por definição, mandamento nuclear de um sistema, verdadeiro alicerce dele, disposição fundamental que se irradia sobre diferentes normas compondo-lhes o espírito e servindo de critério para sua exata compreensão e inteligência, exatamente por definir a lógica e a racionalidade do sistema normativo, no que lhe confere a tônica e lhe dá sentido harmônico.
>
> (...)
>
> Violar um princípio é muito mais grave que transgredir uma norma. A desatenção ao princípio implica ofensa não apenas a um específico mandamento obrigatório, mas a todo o sistema de comandos. É a mais grave forma de ilegalidade ou de inconstitucionalidade, conforme o escalão do princípio atingido, porque representa insurgência contra todo o sistema, subversão de seus valores fundamentais, contumélia irremissível a seu arcabouço lógico e corrosão de sua estrutura mestra.

Ao discorrer acerca do valor da noção de princípio, Geraldo Ataliba[19] pontuou que:

> O sistema jurídico – ao contrário de ser caótico e desordenado – tem profunda harmonia interna. Esta se estabelece mediante uma hierarquia segundo a qual algumas normas descansam em outras, as quais, por sua vez, repousam em princípios que, de seu lado, se assentam em outros princípios mais importantes.
>
> (...)
>
> Mesmo no nível constitucional, há uma ordem que faz com que as regras tenham sua interpretação e eficácia condicionada pelos princípios. Estes se harmonizam, em função da hierarquia entre eles estabelecida, de modo a assegurar plena coerência interna ao sistema (a demonstração cabal disso está em J. M. Teran, *Filosofía del Derecho*, p. 146).
>
> (...)
>
> Cada princípio constitui membro de um grande todo. Dessa conexão recebe luz a norma particular.

E o referido autor arremata concluindo que:[20]

> Os princípios são linhas mestras, os grandes nortes, as diretrizes magnas do sistema jurídico. Apontam os rumos a serem seguidos por toda a sociedade e obrigatoriamente perseguidos pelos órgãos do governo (poderes constituídos).

---

[18] MELLO, Celso Antônio Bandeira de. *Curso de Direito Administrativo*. 26ª ed. São Paulo: Malheiros, 2009, p. 53.

[19] ATALIBA, Geraldo. *República e Constituição*. São Paulo: RT, 1985, p. 5/19.

[20] *Ibidem*, p. 5/9.

(...)

Assim, funcionam eles como alicerces de toda a estrutura constitucional, *pedras de toque* ou *chaves de abóbada* do sistema.

(...)

Se, em dada situação, surge aparência de divergência entre uma regra e um princípio – antes de qualquer outra coisa – o intérprete dá à regra interpretação harmoniosa e coerente com as exigências do princípio.

Por sua vez, ao abordar as questões inerentes aos princípios constitucionais tributários, Paulo de Barros Carvalho[21] pontifica que:

> Seja como for, os princípios aparecem como linhas diretivas que iluminam a compreensão de setores normativos, imprimindo-lhes caráter de unidade relativa e servindo de fator de agregação num dado feixe de normas. Exercem eles uma reação centrípeta, atraindo em torno de si regras jurídicas que caem sob seu raio de influência e manifestam a força de sua presença. Algumas vezes constam de preceito expresso, logrando o legislador constitucional enunciá-los com clareza e determinação. Noutras, porém, ficam subjacentes à dicção do produto legislado, suscitando um esforço de feitio indutivo para percebê-los e isolá-los. São os princípios implícitos. Entre eles e os expressos não se pode falar em supremacia, a não ser pelo conteúdo intrínseco que representam para a ideologia do intérprete, momento em que surge a oportunidade de cogitar-se de princípios e sobre-princípios.

Roque Antonio Carrazza,[22] nesse sentido, assevera que:

> Segundo pensamos, princípio jurídico é um enunciado lógico, implícito ou explícito, que, por sua grande generalidade, ocupa posição de preeminência nos vastos quadrantes do Direito e, por isso mesmo, vincula, de modo inexorável, o entendimento e a aplicação das normas jurídicas que com ele se conectam.

E o referido autor apresenta a seguinte conclusão:[23]

> Portanto, os princípios exercem função importantíssima dentro do ordenamento jurídico-positivo, já que orientam, condicionam e iluminam a interpretação das normas jurídicas em geral, aí incluídas as *individuais,* com *efeitos concretos,* como é o caso das decisões judiciais. A aplicação destes mandamentos deve dar-se de modo consentâneo com a diretrizes fixadas nos princípios.
>
> Em suma, os *princípios* são normas qualificadas, exibindo excepcional valor aglutinante: indicam como devem aplicar-se as normas jurídicas, isto é, que alcance lhes dar, como combiná-las e quando outorgar precedência a algumas delas.

(...)

---

[21] CARVALHO, Paulo de Barros. *Curso de Direito Tributário.* 19ª ed. São Paulo: Saraiva, 2007, p. 158/187.
[22] CARRAZZA, Roque Antonio. *Curso de Direito Constitucional Tributário.* 24ª ed. São Paulo: Malheiros, 2008, p. 38/56.
[23] *Ibidem,* p. 35/56.

Como se viu, são os princípios que conferem ao ordenamento jurídico estrutura e coesão.

No intuito de demonstrar que a doutrina do Direito Tributário, considerada avançada em virtude de seu refinamento teórico, requer a incorporação dos avanços da Teoria Geral do Direito, Humberto Ávila conclui que:[24]

> 4.1 A dissociação entre as espécies normativas, sobre ser havida como hipótese de trabalho para o processo aplicativo, pode ser laborada em razão do seu significado frontal. Nesse sentido, o significado preliminar dos dispositivos pode experimentar uma dimensão imediatamente comportamental (regra), finalística (princípio) e/ou metódica (postulado).
>
> 4.2 As regras são normas imediatamente descritivas, primariamente retrospectivas e com pretensão de decidibilidade e abrangência, para cuja aplicação se exige a avaliação da correspondência, sempre centrada na finalidade que lhes dá suporte e nos princípios que lhes são axiologicamente sobrejacentes, entre a construção conceitual da descrição normativa e a construção conceitual dos fatos.
>
> 4.3 Os princípios são normas imediatamente finalísticas, primariamente prospectivas e com pretensão de complementariedade e de parcialidade, para cuja aplicação demandam uma avaliação da correlação entre o estado de coisas a ser promovido e os efeitos decorrentes da conduta havida como necessária à sua promoção.
>
> (...)
>
> 4.7 Os postulados normativos são normas imediatamente metódicas, que estruturam a interpretação e aplicação de princípios e regras mediante a exigência, mais ou menos específica, de relações entre elementos com base em critérios.

Em que pese o respeitável entendimento doutrinário acima transcrito, entendemos que os princípios compreendem mandamentos de obrigatória observância, fundamentos basilares a serem seguidos de forma irrestrita, comandos imperativos a serem respeitados por todo e qualquer intérprete, e premissas fundamentais que não admitem quaisquer fracionamentos ou mitigações.

Em outras palavras, os princípios abrangem proposições relevantes que têm o intuito de servir de base a determinada ordem de conhecimento sobre a qual se fundamenta a intelecção das normas jurídicas; e verdadeiros vetores que devem ser seguidos tanto pelo legislador quanto pelo aplicador das normas jurídicas, matrizes e pilares essenciais ao ordenamento jurídico e ao sistema processual.

Parece-nos evidente que a violação de determinado princípio apresenta-se com maior gravidade à transgressão de uma norma, resultando em graves consequências ao sistema jurídico.

---

[24] ÁVILA, Humberto. *Teoria dos Princípios. Da Definição à Aplicação dos Princípios Jurídicos*. 8ª ed. São Paulo: Malheiros, 2008, p. 180/191.

Para fins do presente estudo, é evidente que o sistema processual revela-se por princípios que conferem relação de segurança e de equilíbrio às partes litigantes, de forma que seja garantida a proteção de seus respectivos direitos.

Em face do exposto, passaremos a discorrer acerca dos (i) princípios de natureza constitucional; (ii) princípios gerais de natureza administrativa; e (iii) princípios específicos de natureza processual administrativa, aplicáveis ao processo administrativo tributário.

2.2. Princípios de natureza constitucional

A Constituição Federal de 1988 contempla inúmeros princípios que devem, necessariamente, ser observados nas relações jurídicas instauradas entre Fisco e contribuinte, especialmente no que concerne à exigibilidade do crédito tributário, quando da tramitação do processo administrativo tributário (federal, estadual e municipal).

Dessa forma, mister se faz abordar relevantes princípios assegurados pelo legislador constituinte que norteiam as relações processuais entre a Administração Pública e os contribuintes com relação às exações de natureza tributária.

Reiteramos que não serão tratados os princípios constitucionais, gerais e específicos, aplicáveis às relações jurídicas tributárias (tais como: federativo, republicano, autonomia municipal, anterioridade, capacidade contributiva, igualdade, irretroatividade, liberdade de tráfego, vedação de confisco, progressividade, seletividade etc.), em virtude da necessidade de se estabelecer um corte metodológico, pois este exame tem por finalidade analisar os princípios de natureza constitucional diretamente aplicáveis ao processo administrativo tributário.

2.2.1. Legalidade

O princípio da legalidade certamente consiste em um dos direitos e garantias de maior relevância em nosso ordenamento jurídico. Isso porque o legislador constituinte, por inúmeras vezes, entendeu por bem prestigiá-lo de forma que fosse assegurado o Estado Democrático de Direito, tendo em vista que apenas por intermédio de normas jurídicas expedidas pelo Poder Legislativo é que se torna possível a instituição, a modificação ou a extinção de obrigações e direitos.

Inicialmente, o artigo 5º, inciso II, do Texto Constitucional de 1988 determina que "ninguém será obrigado a fazer ou deixar de fazer alguma coisa senão em virtude de lei", impondo a reserva formal da lei pela autoridade competente.

Por sua vez, especificamente no âmbito do sistema constitucional tributário, o artigo 150, incisos I e III, alíneas "a" e "b" e § 6º, da Carta Política de 1988, estabelece que, *verbis:*

> Art. 150. Sem prejuízo de outras garantias asseguradas ao contribuinte, é vedado à União, Estados, ao Distrito Federal e aos Municípios:
>
> I – exigir ou aumentar tributo sem lei que o estabeleça;
>
> (...)
>
> III – cobrar tributos:
>
> a) em relação a fatos geradores ocorridos antes do início da vigência da lei que os houver instituído ou aumentado;
>
> b) no mesmo exercício financeiro que haja sido publicada a lei que os instituiu ou aumentou;
>
> (...)
>
> § 6º Qualquer subsídio ou isenção, redução de base de cálculo, concessão de crédito presumido, anistia ou remissão, relativos a impostos, taxas ou contribuições, só poderá ser concedido mediante lei específica, federal, estadual ou municipal, que regule exclusivamente as matérias acima enumeradas ou o correspondente tributo ou contribuição, sem prejuízo do disposto no art. 155, § 2º, XII, g.

Dessa forma, a instituição, a majoração e a extinção dos tributos, além das hipóteses de subsídio, isenção, redução de base de cálculo, concessão de crédito presumido, anistia ou remissão, concernentes a impostos, taxas ou contribuições, nos termos dos dispositivos constitucionais acima transcritos, impõem a respectiva previsão em lei, inerente à norma jurídica devidamente expedida pelo Poder Legislativo competente.

Nesse sentido, exceção à reserva formal de lei encontra-se inserida no artigo 62 da Constituição Federal de 1988, o qual estabelece, *verbis:*

> Art. 62. Em caso de relevância e urgência, o Presidente da República poderá adotar medidas provisórias, com força de lei, devendo submetê-las de imediato ao Congresso Nacional.

Convém apontar entendimento doutrinário[25] que identifica aparente exceção ao princípio da legalidade em razão da atribuição de faculdade ao Poder Executivo, a saber:

---

[25] MELO, José Eduardo Soares de. *Curso de Direito Tributário.* 9ª ed. São Paulo: Dialética, 2010, p. 20/21.

Entretanto, a Constituição Federal contém aparente exceção ao *princípio da legalidade*, ao facultar ao Poder Executivo, atendidas as condições e os limites estabelecidos em lei, alterar as alíquotas dos impostos de importação sobre produtos estrangeiros; exportação, para o exterior, de produtos nacionais ou nacionalizados; produtos industrializados; e operações de crédito, câmbio e seguro, ou relativas a títulos ou valores mobiliários (art. 150, § 1º).

Não se trata, em absoluto, de delegação de competência do Legislativo ao Executivo posto que, primacialmente, é de exclusiva competência da lei descrever todos os aspectos de sua hipótese de incidência tributária, inclusive sua quantificação, em que se compreende a figura da "alíquota", conforme será esclarecido em item posterior.

O Executivo não pode (sem amparo balizador na lei) instituir as alíquotas dos mencionados impostos. A excepcional competência outorgada constitucionalmente é apenas para flexionar as alíquotas, segundo os parâmetros legais (máximo e mínimo). Assim, no caso de a lei haver estabelecido uma alíquota de 70%, para o IPI relativamente a um determinado produto, o Executivo somente poderá diminuí-la até 0%, ou, em momento ulterior retornar ao referido teto (70%).

O referido autor ainda aponta que:[26]

Relativamente às operações com combustíveis e lubrificantes definidos em lei complementar, a EC nº 33/01 (inserção do § 4º ao art. 155) passou a dispor que as alíquotas do ICMS serão definidas mediante deliberação (convênio) dos Estados e Distrito Federal.

O novo mandamento desvirtua o tradicional modelo constitucional ao suprimir a competência privativa do Senado Federal para estabelecer as alíquotas do ICMS em operações interestaduais (inciso IV, § 2º do art. 155); e para fixar as alíquotas mínimas e máximas, em específicas situações nas operações internas (incisos V e VI, § 2º do art. 155). Implicitamente elimina a competência do Legislativo (Senado e Assembléias Legislativas dos Estados) no que concerne à normal fixação das alíquotas internas.

No que tange às contribuições de intervenção no domínio econômico, a EC nº 33/01 dispôs que, na incidência sobre as atividades de importação ou comercialização de petróleo e seus derivados, gás natural e seus derivados e álcool/combustível, a alíquota poderá ser reduzida e restabelecida por ato do Executivo (inserção da alínea *b*, inciso I, § 4º, do art. 177).

A esse respeito, comungamos do entendimento de Roque Antonio Carrazza,[27] ao asseverar que:

Tais diretrizes, conjugadas com outras, que não vêm para aqui, prestigiam nossa idéia inicial de que só a lei (ordinária, na maciça maioria dos casos; complementar, em relação aos impostos residuais, aos empréstimos compulsórios e às contribuições sociais a que alude o art. 195, § 4º, da CF) pode criar ou aumentar tributos.

---

[26] MELO, José Eduardo Soares de. *Curso de Direito Tributário*. 9ª ed. São Paulo: Dialética, 2010, p. 20/21.
[27] CARRAZZA, Roque Antonio. *Curso de Direito Constitucional Tributário*. 24ª ed. São Paulo: Malheiros, 2008, p. 295.

Quando fazemos tal afirmação, queremos significar que apenas este ato normativo pode descrever ou alterar a hipótese de incidência, o sujeito ativo, o sujeito passivo, a base de cálculo e a alíquota das várias exações, observados os permissivos do art. 153, § 1º, da CF Brasileira e, naturalmente, as competências legislativas tributárias de cada pessoa política (assim, por exemplo, a lei ordinária federal só poderá criar ou aumentar tributos federais). Além disso, se aceitarmos que o Fisco pode aplicar leis que ele mesmo elabora, aprova e impõe (as medidas provisórias e as leis delegadas), o direito dos contribuintes de vê-lo submetido à ação dos legisladores (que diretamente os representam) seria mera "flatus vocis".

A atribuição de competência em matéria tributária conferida aos órgãos do Poder Legislativo impossibilitaria a edição de normas jurídicas pelo Poder Executivo, compreendendo verdadeiro limite a sua esfera de atuação, sob pena de decretação de sua ilegalidade pelo Poder Judiciário.

Ressaltamos que o princípio da legalidade confere à Administração Pública a maneira de sua atuação, estabelecendo, de forma criteriosa, suas respectivas atribuições e limites, além de outorgar os poderes jurídicos inerentes ao desenvolvimento de suas atividades, inclusive quanto ao papel desempenhado no processo administrativo tributário.

De modo exemplificativo, entendemos que as autoridades fazendárias, ao promoverem o lançamento de ofício, por meio da lavratura de Auto de Infração,[28] encontram-se submetidas ao princípio da legalidade tributária, porque estão obrigadas à precisa identificação das infrações cometidas pelo contribuinte do tributo e, respectivamente, das penalidades legalmente previstas. Observamos que o Auto de Infração tipifica infração às normas jurídicas contidas no Decreto, e não na Lei.

Em consonância com nosso entendimento, o Tribunal de Impostos e Taxas da Secretaria dos Negócios da Fazenda do Estado de São Paulo manifestou a seguinte postura jurídica,[29] a saber:

> Nulidade do AIIM. Incompatibilidade entre a descrição do fato e a pretensa infração. Suscitada preliminar de nulidade. Provido o recurso. Decisão unânime.

---

[28] Independentemente da terminologia adotada (Auto de Infração, Auto de Infração e Imposição de Multa, Notificação Fiscal de Lançamento de Débito, dentre outras); na medida em que quaisquer uma compreendem espécie do gênero "lançamento de ofício".

[29] Processo DRTCIII nº 3480/1995, Relator Juiz Oswanderley Alves Ataide, Quinta Câmara Especial, julgado em sessão de 4 de setembro de 1998. Neste mesmo sentido, foram proferidos acórdãos nos seguintes autos: Processo DRT nº 04 4795/1980, Relator Juiz Joaquim de Carvalho Júnior, Quinta Câmara, julgado em sessão de 15 de julho de 1981, publicado no *Boletim do TIT* nº 147, de 27 de outubro de 1982 e Processo DRT nº 01 9893/1976, Relator Juiz Aurelino Pires de Campos Nóbrega, Sexta Câmara, julgado em sessão de 29 de agosto de 1977, publicado no *Boletim do TIT* nº 62, de 18 de maio de 1978.

(...)

Todavia, antes de adentrar no mérito, é de ser examinada a preliminar suscitada pela Recorrente de nulidade do lançamento. Nesse aspecto, o exame da acusação demonstra que o AIIM está imperfeito quanto ao enquadramento legal. Assim é de se acolher a preliminar. Realmente, a acusação aponta para infrações (...) nos termos da letra "a" do inciso IV do artigo 592 do RICMS/91. (...) Desse modo, pela imprecisão da acusação – a multa estaria melhor enquadrada na letra "c" do inciso I do art. 592 do RICMS/91 (...).

E, não sendo possível a retificação da acusação nesta fase processual por haver completa e radical alteração do libelo, o que ofenderia o princípio processual dos limites subjetivos e objetivos da lide, não há como se manter o lançamento. Nestas condições, estando provado nos autos que a falta eventualmente cometida seria de outra natureza que aquela irrogada à Recorrente, é de se acolher a preliminar para decretar a insubsistência do lançamento.

(...)

Por essas razões dou provimento ao recurso para cancelar as exigências contidas no libelo vestibular. É como voto.

Nesse contexto, observamos os principais diplomas legais de regência do processo administrativo tributário, a saber: (i) Lei nº 9.784, de 29 de janeiro de 1999 (federal); (ii) Decreto Federal nº 70.235, de 6 de março de 1972; (iii) Lei Complementar nº 939, de 3 de abril de 2003 (Estado de São Paulo); (iv) Lei nº 13.457, de 18 de março de 2009 (Estado de São Paulo); (v) Lei nº 14.141, de 27 de março de 2006 (Município de São Paulo); e (vi) Lei nº 14.107, de 12 de dezembro de 2005 (Município de São Paulo).

2.2.2. Contraditório

O artigo 5º, inciso LV, do Texto Constitucional de 1988, estabelece que "aos litigantes, em processo judicial ou administrativo, e aos acusados em geral são assegurados o contraditório e a ampla defesa, com os meios e recursos a ela inerentes".

O princípio do contraditório, intrinsecamente relacionado aos princípios da isonomia (igualdade) e da ampla defesa, no âmbito do processo administrativo tributário, compreende a obrigatoriedade de que seja assegurado às partes (tanto ao Fisco quanto ao contribuinte) pleno e irrestrito exercício de suas respectivas defesas, de forma que esteja garantida a possibilidade de que as partes litigantes tomem conhecimento dos argumentos e elementos probatórios apresentados pela parte adversa e, caso seja de sua conveniência e oportunidade, apresentem suas razões contrárias.

A esse respeito, Alberto Xavier[30] pontifica que:

(...) o princípio do contraditório reporta-se ao modo do seu exercício. Esse modo de exercício, por sua vez, caracteriza-se por dois traços distintos: a paridade das posições jurídicas das partes no procedimento ou no processo, de tal modo que ambas tenham a possibilidade de influir, por igual, na decisão ("princípio da igualdade de armas"); e o caráter dialético dos métodos de investigação e de tomada de decisão, de tal modo que a cada uma das partes seja dada a oportunidade de contradizer os fatos alegados e as provas apresentadas pela outra.

A imparcialidade do julgador tributário impõe que, ao apreciar determinado argumento e/ou prova acostada aos autos por uma das partes litigantes, deverá, necessariamente, intimar ou notificar a parte adversa no sentido de que possa (caso seja do seu interesse e conveniência) ofertar sua antítese, sendo certo que a observância ao princípio em referência consiste em elemento imprescindível à garantia de um processo administrativo tributário justo, isonômico e equânime.

Da mesma forma, a juntada de novos elementos probatórios, retorno de diligências, perícias etc. requer a abertura de vista à parte interessada para apresentar sua correspondente manifestação.

No âmbito do processo administrativo do Estado de São Paulo, o Tribunal de Impostos e Taxas da Secretaria dos Negócios da Fazenda manifestou entendimento jurídico,[31] nos seguintes termos, *verbis*:

Processo Administrativo Tributário. Nulidade. Cerceamento de Defesa.

(...)

Com base nos paradigmas colacionados, adoto a reiterada proposta da douta Representação Fiscal para conhecer do Pedido de Revisão do contribuinte, por reconhecer ofensa ao devido processo legal, na esteira da jurisprudência que vem sendo construída nesta Casa.

Assumo que a decisão recorrida não contém os requisitos essenciais, quando, conhecendo o Recurso Ordinário (extemporâneo) não se posicionou quanto ao alegado cerceamento de defesa de definitiva relevância ao contraditório.

(...)

---

[30] XAVIER, Alberto. *Princípios do Processo Administrativo e Judicial Tributário*. Rio de Janeiro: Forense, 2005, p. 10.

[31] Processo DRT n° 12 3573/1993, Juíza Relatora Antonia Emília Pires Sacarrão, Câmaras Reunidas, julgamento em sessão de 24 de abril de 2001, Ementário do TIT de 2003, p. 219/220. O Tribunal de Impostos e Taxas da Secretaria dos Negócios da Fazenda do Estado de São Paulo manifestou entendimento similar nos acórdãos proferidos nos seguintes autos: Processo DRT n° 09 5607/1984, Juíza Relatora Edda Gonçalves Maffei, Sexta Câmara, julgado em sessão de 10 de março de 1986, *Boletim do TIT* n° 232, de 17 de outubro de 1987; e Processo DRT n° 05 5799/1979, Juiz Relator Jamil Zantut, Primeira Câmara Efetiva, julgado em sessão de 10 de dezembro de 1980, *Boletim do TIT* n° 127, de 2 de outubro de 1981.

Nesse contexto, conheço do Pedido de Revisão do contribuinte por presentes os pressupostos de admissibilidade, para anular a decisão recorrida e determinar a entrega ao autuado da cópia dos documentos reclamados – aqueles que dão sustentação ao item 2 do AIIM – abrindo-se-lhe novo prazo de trinta dias para pagamento do débito com redução de 35% (trinta e cinco por cento) da multa, ou apresentação de novo Recurso Ordinário a este Tribunal de Impostos e Taxas.

No que tange ao princípio do contraditório, o Poder Judiciário[32] considerara inválido ato processual que deixou de observá-lo, *verbis*:

> Administrativo. Princípio do Contraditório em Processo Administrativo. Inscrição no Cadin.
>
> 1. O processo administrativo deve obedecer ao princípio do contraditório, sendo inválida a inscrição no Cadin decorrente de processo administrativo em que não foi observado este princípio.
>
> 2. Remessa Oficial improvida.

Em face do exposto, referida garantia constitucional confere, tanto ao Fisco quanto ao contribuinte, o direito de manifestar-se acerca dos argumentos jurídicos (tese) e documentos comprobatórios (verdade material) apresentados pela parte adversa.

2.2.3. Ampla defesa

O princípio da ampla defesa, previsto no artigo 5º, inciso LV, do Texto Constitucional de 1988, decorre do princípio do devido processo legal (*due process of law*) inerente à Constituição dos Estados Unidos da América,[33] por meio do qual impera a ideia de que as partes litigantes percorram o processo de forma justa (*fair procedure*).

A observância do princípio da ampla defesa garante aos contribuintes o exercício do direito da defesa de seus interesses de forma incondicional e irrestrita, não sendo admitidas quaisquer limitações, restrições, mitigações, fracionamentos ou amputações.

Ao contribuinte que sofrera imputação de acusação fazendária devem ser assegurados todos os meios e recursos inerentes ao exercício de uma defesa de forma ampla, não podendo jamais se admitir que as alegações e os argumentos firmados na esfera do processo

---

[32] Primeira Turma do Tribunal Regional Federal da Quarta Região, Remessa *Ex Officio* nº 97.04.57885-7, Relator Juiz Fernando Quadros da Silva, publicado no *DOU* de 7 de julho de 1999.

[33] 5ª Emenda à Constituição Americana de 1787 e 14ª Emenda à Constituição Americana de 1868.

administrativo tributário não lhe sejam apresentados. Da mesma forma, é inaceitável que se promova a juntada de elementos concernentes às acusações fiscais sem que esteja assegurado o exercício da sua defesa.

Tal princípio tem por finalidade conferir ao contribuinte a possibilidade de demonstrar e comprovar seus argumentos de fato e de direito, em virtude das acusações fiscais irrogadas pelas autoridades fazendárias, de forma a conferir legitimidade ao procedimento adotado que teria sido praticado em descompasso com os comandos legais e normativos vigentes, válidos e eficazes.

No âmbito do processo administrativo tributário, o exercício da ampla defesa se perfaz pela concessão, pelos julgadores tributários, da possibilidade que o contribuinte examine os autos, apresente defesa, interponha recursos, manifeste-se acerca das provas e demais elementos trazidos ao processo pela parte contrária, apresente considerações sobre diligências e promova a realização de sustentação oral de suas razões, dentre outros.

Caso contrário, a inobservância ao princípio da ampla defesa, em qualquer fase processual, por meio de restrições à referida garantia constitucional, poderá implicar cerceamento do direito de defesa do contribuinte, maculando determinado ato processual de anulabilidade ou viciando o processo de patente nulidade.

A propósito, o antigo Conselho de Contribuintes do Ministério da Fazenda considerou nula determinada decisão, em razão da ausência de elemento essencial, pois desrespeitara os princípios do contraditório e da ampla defesa,[34] *verbis:*

> Normas Processuais. Ofensa aos Princípios do Contraditório e da Ampla Defesa. Nulidade. Manifestando-se o autuante após a impugnação, deve ser dada ciência dessa manifestação ao contribuinte, com abertura de prazo para sobre ela se manifestar, em atenção aos princípios do contraditório e da ampla defesa. Da mesma forma, a falta de manifestação expressa e fundamentada do indeferimento de pedido de perícia formulado de acordo com as normas que o regem macula de nulidade a decisão. Processo que se anula a partir da manifestação fiscal posterior à impugnação, exclusive.

No âmbito do processo administrativo tributário do Estado de São Paulo, o Tribunal de Impostos e Taxas da Secretaria dos Negócios da Fazenda manifestou entendimento jurídico[35] no sentido de que, *verbis:*

---

[34] Acórdão nº 101-93.294, publicado no *DOU* de 12 de março de 2001.

[35] Processo DRT nº 10 3629/1991, Segunda Câmara, Juiz-Relator Adermir Ramos da Silva, julgado em sessão de 8 de junho de 1995, *Ementário do TIT* de junho de 1996 a abril de 1997,

> Cerceamento de Defesa. (...) Acolho a preliminar de cerceamento à defesa. Aqui se tornou indisputável o fato de relevo: o fisco juntou documento essencial para arrimo da imputação e não ofereceu cópia dele ao interessado. Ora, se tal documento, por sua importância, integra o lançamento, dele não pode ser apartado só porque o contribuinte tem faculdade de pedir vista de processos. Assumo que todos os elementos que compõem o lançamento, dele são indissociáveis e cópia, integral, sua, é de ser entregue à parte. Assumo ainda que o requisito do asseguramento da ampla defesa, erigido à categoria de norma constitucional, deve ser pleno sob pena de invalidade do procedimento como aliás deflui do artigo 4º da Constituição do Estado de São Paulo. Assim voto no sentido de anular-se o processo a partir da lavratura do auto de infração para que se o aperfeiçoe com a entrega de todo e qualquer elemento inclusive de cópia da declaração mencionada, ao interessado, reabrindo-se o prazo para pagamento ou reapresentação de defesa. Se vencido nesse enfoque reservo-me o direito de retornar o processo para votar quanto ao mérito.

Nesse mesmo sentido, o Poder Judiciário anulou decisão definitiva do antigo Conselho de Contribuintes do Ministério da Fazenda, em virtude de não ter sido concedido vista ao contribuinte acerca de novos documentos acostados aos autos pela Procuradoria da Fazenda.[36] Por outro lado, o Supremo Tribunal Federal entendeu que não acarreta desrespeito ao princípio do contraditório acórdão que indeferiu o pedido de diligência probatória, em virtude de sua desnecessidade.[37]

2.2.4. Devido processo legal

O princípio do devido processo legal (*due process of law*) consubstancia a observância aos demais princípios consagradores do processo administrativo tributário, uma vez que apenas por intermédio da estrita observância aos princípios informadores do processo administrativo tributário (de natureza constitucional, gerais de natureza administrativa e específicos do processo administrativo tributário) é que restará assegurado o seu fiel cumprimento.

O Texto Constitucional de 1988, em seu artigo 5º, inciso LIV, enaltece sua aplicação ao processo administrativo tributário, na medida em que este tem por finalidade a exigência do adimplemento de exigência tributária (principal ou acessória), ao estipular que

---

p. 42/43. O Tribunal de Impostos e Taxas da Secretaria dos Negócios da Fazenda do Estado de São Paulo manifestou entendimento similar nos autos do Processo DRT nº 06 4114/1997, Juiz--Relator José Pucci Cuan, Câmaras Reunidas, julgado em sessão de 3 de julho de 2008.

[36] Mandado de Segurança nº 20029936, da Sétima Vara da Seção Judiciária do Distrito Federal de 2 de maio de 2001.

[37] Agravo nº 141.095-7/PR, publicado no *DJU* de 14 de novembro de 1994, p. 30.860.

"ninguém será privado da liberdade ou de seus bens sem o devido processo legal".

A esse respeito, José Afonso da Silva[38] pontifica que:

> O princípio do devido processo legal entra agora no Direito Constitucional positivo com um enunciado que vem da Carta Magna inglesa: "ninguém será privado da liberdade ou de seus bens sem o devido processo legal" (art. 5º, LIV). Combinado com o direito de acesso à Justiça (art. 5º, XXXV) e o contraditório e a plenitude de defesa (art. 5º, LV), fecha-se o ciclo das garantias processuais. Garante-se o processo, e quando se fala em "processo", e não em simples procedimento, alude-se, sem dúvida, a formas instrumentais adequadas, a fim de que a prestação jurisdicional, quando entregue pelo Estado, dê a cada um o que é seu, segundo os imperativos da ordem jurídica.

Lídia Maria Lopes Rodrigues Ribas[39] assevera, nesse sentido, que:

> (...) a cláusula do devido processo legal é destinada a tutelar direito, ou seja, é o meio pela qual devem ser reconhecidos, preservados ou cumpridos os direitos substantivos, que no processo administrativo tributário se confirmam se a participação do interessado se der no mesmo plano de posições jurídicas que a Administração quanto às faculdades, ônus e direitos. Assim, o devido processo legal visa a garantir o direito de ação, a igualdade das partes e o respeito ao direito de defesa e ao contraditório. (...) Estes requisitos é que efetivamente dão conteúdo e materialidade ao devido processo legal, na medida em que viabilizam o direito de defesa, do qual são titulares os administrados, quando sentem seus direitos ofendidos pelo Poder Público.

Ao abordar, com maestria, o princípio do devido processo legal, Eduardo Domingos Bottallo[40] pontifica que:

> Esta, pois a dimensão principiológica da cláusula, cuja acolhida pelo contencioso administrativo garante a adequada proteção dos direitos subjetivos de que são titulares todos quantos se vejam postos em confronto com a ação do Estado.
>
> (...)
>
> Por ora, cabe reafirmar que a presença do *due process of law* na estrutura e na dinâmica operacional do processo administrativo tributário afigura-se essencial e inafastável, porque sem ela tal processo se mostra imprestável para a tutela de direitos e ineficaz como garantia para a distribuição do justo legal.

---

[38] SILVA, José Afonso da. *Curso de Direito Constitucional Positivo*. 21ª ed. São Paulo: Malheiros, 2002, p. 430/431.

[39] RIBAS, Lídia Maria Lopes Rodrigues. *Processo Administrativo Tributário*. 3ª ed. São Paulo: Malheiros, 2008, p. 42/43.

[40] BOTTALLO, Eduardo Domingos. *Curso de Processo Administrativo Tributário*. São Paulo: Malheiros, 2006, p. 43.

No âmbito do processo administrativo, o Tribunal de Impostos e Taxas da Secretaria dos Negócios da Fazenda do Estado de São Paulo manifestou o seguinte entendimento jurídico,[41] *verbis:*

> Nulidade Processual. (...) Entendo ocorrer, aqui, nulidade processual insanável, visto que o procedimento seguido acabou por cercear o consagrado princípio do devido processo legal. (...) Pelo exposto, voto no sentido de anular o processo, a partir da r. decisão do Sr. Delegado Regional Tributário, determinando o retorno dos autos à Secção de Julgamento competente, a fim de que a Julgadora Tributária que for designada, proceda ao julgamento do feito, na forma regulamentar, reabrindo-se, após, todos os prazos para o contribuinte, em querendo, formular novo recurso a esse E. Tribunal. Meu voto é, pois, pelo provimento do recurso, para o fim de anular o processo, na forma acima exposta.

Revela-se imperiosa a observância de um processo regular, ordenado e legal, em que seja assegurado ao contribuinte o pleno exercício do seu direito de defesa, mediante o respeito a todos os demais princípios inerentes; caso contrário, restará ilegítimo todo e qualquer processo administrativo tributário que desconsidere o princípio do devido processo legal.

A inobservância aos princípios informadores do processo administrativo tributário (constitucionais, administrativos e processuais específicos), portanto, em última análise, acaba por desrespeitar o princípio do devido processo legal, ou seja, toda vez que determinado princípio relativo ao processo administrativo tributário é violado, por via de consequência, afronta-se o princípio em referência, culminando em vício processual.

2.2.5. Duplo grau de jurisdição

O artigo 5º, inciso LV, do Texto Constitucional de 1988, determina que:

> Art. 5º (...)
> (...)
> LV – aos litigantes, em processo judicial ou administrativo, e aos acusados em geral são assegurados o contraditório e a ampla defesa, com os meios e recursos a ela inerentes.

Inicialmente, deve-se observar que a expressão "meios", utilizada pelo legislador constituinte, compreende a ideia de que todos os direitos e faculdades instrumentais sejam assegurados ao exer-

---

[41] Processo DRTCII nº 264/1996, Juiz-Relator José Augusto Sundfeld Silva, Quinta Câmara Suplementar, julgado em sessão de 28 de abril de 1998, *Ementário do TIT* de 1998 a 2000, p. 172/173.

cício da defesa pelas partes litigantes, no âmbito do processo administrativo tributário.

Referida garantia constitucional, atrelada aos demais princípios informadores do processo administrativo (especialmente os princípios da ampla defesa, do devido processo legal e da segurança jurídica), assegura aos litigantes inúmeras circunstâncias processuais, tais como: (i) a análise dos autos em repartição fazendária (ou mesmo fora dela); (ii) a publicidade dos atos processuais praticados; (iii) a produção de provas; (iv) o exame das provas apresentadas pela parte contrária; (v) manifestação acerca do resultado de perícias e diligências; (vi) fundamentação dos atos processuais; dentre outras.

Por sua vez, o vocábulo "recursos", utilizado no Texto Constitucional de 1988, refere-se a instrumento relevante de garantia às partes, assegurando a possibilidade de que as decisões proferidas no processo administrativo tributário possam ser devidamente reexaminadas por distintos julgadores tributários em sede de instância superior (órgão colegiado – Câmara Singular ou Câmara Superior – Reunidas), de forma que esteja garantido o duplo grau de jurisdição por meio da revisibilidade dos julgados proferidos.

Ressaltamos, que eventual exigência de prévia "garantia de instância" (depósito, arrolamento, dentre outras), violaria o princípio em referência, direito consagrado pela Súmula do Egrégio Superior Tribunal de Justiça (STJ) nº 373, no sentido de que "é ilegítima a exigência de depósito prévio para admissibilidade de recurso administrativo" e pela Súmula Vinculante do Egrégio Supremo Tribunal Federal nº 21, de que "é inconstitucional a exigência de depósito ou de arrolamento prévios de dinheiro ou bens para admissibilidade de recurso administrativo".

José Eduardo Soares de Melo[42] assevera, a propósito, que:

> Na medida em que a CF (art. 5º, inciso LV) outorga aos litigantes em processo judicial ou administrativo, o direito à ampla defesa com os recursos a ela inerentes, está pressuposto a instância recursal para que as decisões singulares (normalmente mantendo as exigências tributárias), sejam revistas em caráter devolutivo e suspensivo.
>
> Tendo em vista que os julgadores singulares usualmente homologam as exigências tributárias, é necessária a previsão de recursos, para que os órgãos de segunda instância administrativa (normalmente de composição paritárias), possam reexaminar toda a matéria posta na lide.

---

[42] MELO, José Eduardo Soares de. *Processo Tributário Administrativo e Judicial*. 2ª ed. São Paulo: Quartier Latin, 2009, p. 72.

A esse respeito, a Lei nº 9.784, de 29 de janeiro de 1999, que regula o processo administrativo na esfera da Administração Pública Federal, em seu artigo 57, estipula que o recurso administrativo tramitará, no máximo, por três instâncias administrativas.

No âmbito do Estado de São Paulo, a Lei Complementar nº 939, de 3 de abril de 2003, que instituiu o Código de Direitos, Garantias e Obrigações do Contribuinte, no inciso IV do artigo 5º, assegurou a duplicidade de instância no processo administrativo tributário.

Dessa forma, em decorrência do princípio do duplo grau de jurisdição, torna-se possível que as partes situadas em polos opostos da relação processual administrativa tributária (Fisco e contribuinte) busquem a reforma das decisões proferidas, contrárias aos seus respectivos entendimentos, nos órgãos superiores de julgamento, requerendo a revisibilidade da decisão proferida pelo julgador *a quo*.

2.2.6. Segurança jurídica

O conceito de segurança jurídica se encontra "adstrito aos conceitos filosóficos (existencialismo, estruturalismo, individualismo, liberalismo, etc.), colhidos pelos políticos, e dispostos no ordenamento jurídico de cada país, sofrendo a consideração dos operadores do Direito, segundo uma visão jusnaturalista, ou positivista".[43]

É cediço que residem na Constituição Federal de 1988 os princípios e as garantias fundamentais que direcionam as relações jurídicas intersubjetivas de uma forma geral, dentre os quais o princípio da legalidade, do direito adquirido, do contraditório, do devido processo legal, da anterioridade, da irretroatividade, da isonomia, da vedação de confisco, da capacidade contributiva, da tipicidade, da proporcionalidade etc., objetivando assegurar aos contribuintes a certeza e a segurança jurídica das relações estabelecidas com o Estado.

Os princípios constitucionais têm por finalidade estabelecer o campo de atuação do Estado, estabelecendo limites a sua atuação, ou melhor, impedindo que o Estado, por intermédio de suas pessoas políticas (federal, estadual, distrital e municipal), viole as normas jurídicas que asseguram a segurança jurídica dos administrados.

---

[43] MELO, José Eduardo Soares de. *Curso de Direito Tributário*. 9ª ed. São Paulo: Dialética, 2010, p. 46.

Dessa forma, oportuno o entendimento de que:

> As pessoas políticas, enquanto tributam, não podem agir de maneira arbitrária e sem obstáculo algum, diante dos contribuintes. Muito pelo contrário: em suas relações com eles, submetem-se a um rígido regime jurídico. Assim, regem suas condutas de acordo com as regras que veiculam os direitos fundamentais e que colimam, também limitar o exercício da competência tributária, subordinando-o à ordem jurídica.[44]

O conteúdo significativo da segurança jurídica se apresenta como a forma de regulamentação funcional e estrutural do ordenamento jurídico nacional, por meio da eficácia das normas jurídicas válidas, vigentes e eficazes.

Nesse contexto, "num plano ideal, é possível cogitar de efetiva segurança jurídica quando os contribuintes tenham o prévio conhecimento das exigências fiscais, que lhes permita planejar, e exercer, suas atividades particulares ou profissionais".[45]

Antonio-Enrique Pérez Luño[46] observa que "la seguridad por inmediata influencia de la filosofía contractualista e iluminista se convertirá em presupuesto y función indispensable de los ordenamientos jurídicos de los Estados de Derecho".

O princípio da segurança jurídica ainda impõe que os contribuintes tenham perfeita e total condição de conhecer e antecipar as suas obrigações tributárias (principal e acessória), o que compreende a confiança na legislação tributária.

Mediante a publicidade das normas jurídicas contidas no ordenamento jurídico pátrio, dos seus respectivos efeitos e da confiança dos contribuintes no Estado, é que se opera efetivamente o princípio em referência.

Dessa forma, o princípio da segurança jurídica em matéria tributária objetiva, principalmente, zelar e garantir pela aplicação e efetividade dos demais princípios que regulam o Direito, de modo a limitar a atuação dos entes políticos em suas esferas de atuação, por meio da subordinação à sua estrita observância.

Não é possível conceber nas situações em que os contribuintes, ao se submeterem, respeitarem e adotarem comandos previstos em

---

[44] CARRAZZA, Roque Antonio. *Curso de Direito Constitucional Tributário*. 24ª ed. São Paulo: Malheiros, 2008, p. 423/424.

[45] MELO, José Eduardo Soares de. *Curso de Direito Tributário*. 9ª ed. São Paulo: Dialética, 2010, p. 47/48.

[46] LUÑO, Antonio-Enrique Pérez. *La Seguridad Jurídica*. Barcelona: Ariel, 1991, p. 19.

normas jurídicas emanadas pelo Estado, sejam posteriormente penalizados pelo mesmo Estado em razão do seu descumprimento.

Reconhecemos que a segurança jurídica deva tutelar toda e qualquer relação jurídica estabelecida entre o Fisco e o contribuinte, não nos parecendo apropriada, portanto, a ideia no sentido de que proteja, exclusivamente, apenas a segurança do contribuinte, deixando de albergar a Administração Pública.

A Administração Pública e os respectivos agentes administrativos devem atuar em conformidade com o princípio da moralidade administrativa, previsto no artigo 37 da Constituição Federal de 1988, de forma a não contrariar o princípio da boa-fé dos contribuintes.

Além disso, não é aceitável que o contribuinte esteja exposto a medidas normativas que desrespeitem o princípio da segurança jurídica. Em outras palavras, sob os atos e negócios jurídicos praticados pelos contribuintes, deve imperar o doutrinariamente intitulado "princípio da não surpresa", em que o interesse do Estado não pode operar como decorrência de verdadeira "armadilha fiscal".

Alberto Xavier[47] assevera, nesse sentido, que:

> (...) as leis tributárias devem ser elaboradas de tal modo que garantam ao cidadão a confiança de que lhe facultam um quadro completo de quais as suas ações ou condutas originadoras de encargos fiscais. (...) o princípio da confiança na lei fiscal, como imposição do princípio da segurança jurídica, traduz-se praticamente na possibilidade dada ao contribuinte de conhecer e computar os seus encargos tributários com base direta e exclusivamente na lei.

Em que pese não haver expressa previsão do princípio da segurança jurídica em matéria tributária no plano do Texto Constitucional de 1988, concordamos com as lições de Paulo de Barros Carvalho,[48] no sentido de que a segurança jurídica apresenta-se na condição de sobreprincípio no sistema jurídico tributário.

No âmbito do processo administrativo tributário do Estado de São Paulo, o Tribunal de Impostos e Taxas da Secretaria dos Negócios da Fazenda manifestou entendimento jurídico específico em prestígio ao princípio da segurança jurídica,[49] *verbis*:

---

[47] XAVIER, Alberto. *Os Princípios da Legalidade e da Tipicidade da Tributação*. São Paulo: RT, 1978, p. 46.

[48] CARVALHO, Paulo de Barros. *Direito Tributário Linguagem e Método*. 2ª ed. São Paulo: Noeses, 2008, p. 261/264.

[49] Processo DRT nº 05 9748/1993, Juiz com Vista Paulo Antonio Fernandes Campilongo, Câmaras Reunidas, julgado em sessão de 30 de novembro de 2003, *Diário Oficial do Estado de São Paulo* de 1º de janeiro de 2005.

Nesta busca, o grau de complexidade da matéria envereda por questões reflexas relativas a temas como regime de repartição de alíquotas (receitas) do ICMS, competência tributária, estrita legalidade e segurança jurídica.

(...)

Portanto, os princípios da segurança jurídica na tributação e da estrita legalidade são fortes indicadores de que, nestas situações de imprevisibilidade e insegurança, se deva dar maior relevância à função certeza do direito, acolhendo o conceito de contribuinte no sentido meramente formal. Ora, se o próprio Estado não estabelece, de modo uniforme, os conteúdos e os comandos normativos, o contribuinte administrado jamais terá certeza de sua conduta.

(...)

Para encerrar, peço vênia para relembrar os ensinamentos sempre precisos de Tércio Sampaio Ferraz Jr., quando examinou as funções certeza e igualdade, inerentes ao princípio da segurança jurídica. São suas as palavras: (...) "a ênfase no conteúdo próprio, reforçando a função certeza, encara a segurança como um produto da racionalização, material, posto que o sistema deixado ao sabor da oportunidade das legislações locais e da jurisprudência muitas vezes vacilante, nos conduziria antes a um sistema histórico (como havia antes da edição do Código Tributário Nacional), o que nos levaria ao 'caos tributário'. Este 'caos tributário', significando insegurança, exige o reforço da tipificação genérica de alguns conteúdos e, em consequência uma subordinação do sistema nacional à função da certeza. Ou seja, a função certeza referente à tipificação abstrata dos conteúdos, se torna uma exigência do sistema racional, como um seu pressuposto, em termos de que a generalidade é, basicamente, uma questão referente ao conteúdo da norma e não ao seu interessado, donde a regra: o que vale de modo tipicamente abstrato é geral". – *Revista de Direito Tributário* – 17-18, Segurança Jurídica e Normas Gerais Tributárias.

Anulando o lançamento inicial, por entender como correta a alíquota interestadual aplicada.

Por sua vez, são inúmeras as decisões proferidas pelo Poder Judiciário acerca da observância ao princípio da segurança jurídica em matéria tributária, conforme se depreende da Ementa proferida pelo Supremo Tribunal Federal, nos autos da Ação Cautelar nº 1.886,[50] transcrita a seguir, *verbis*:

> Recurso Extraordinário. Medida Cautelar. Pressupostos Necessários à Concessão do Provimento Cautelar (...). IPI. Crédito. Aquisição de Produtos Isentos. Existência de Divergências Decisórias, no Âmbito desta Suprema Corte. Situação Incompatível com a Exigência de Segurança Jurídica.

---

[50] Ministro Relator Celso de Mello, julgamento realizado em 4 de dezembro de 2007, publicado no *DJe* de 7 de novembro de 2008. No que tange ao respeito do princípio da segurança jurídica, o Supremo Tribunal Federal manifestou entendimento similar nos seguintes processos: Recurso Extraordinário nº 353.657/PR, Ministro Relator Marco Aurélio de Mello, julgado em 25 de junho de 2007, publicado no *DJe* de 7 de março de 2008; e Recurso Extraordinário nº 364.304, Ministro Relator Gilmar Mendes, julgado em 3 de outubro de 2006, publicado no *DJ* de 6 de novembro de 2006.

2.3. Princípios gerais de natureza administrativa

O Texto Constitucional de 1988 estabelece relevantes princípios norteadores das atividades exercidas pela Administração Pública de maneira geral que informam o Direito Administrativo, constituindo o regime jurídico administrativo.

Nesse sentido, o artigo 37 da Carta Política de 1988 determina que, *verbis:*

> Art. 37. A administração pública direta e indireta de qualquer dos Poderes da União, dos Estados, do Distrito Federal e dos Municípios obedecerá aos princípios de legalidade, impessoalidade, moralidade, publicidade e eficiência e, também, ao seguinte:
> (...).

Considerando que o processo administrativo tributário (federal, estadual e municipal) tramita perante órgãos dos respectivos Poderes Executivos das referidas pessoas políticas (Ministério da Fazenda, Secretarias de Fazenda dos Estados e Secretarias de Finanças dos Municípios), em decorrência da atuação de seus representantes, por meio da edição de atos administrativos, encontra-se submetido à observância dos princípios constitucionais de natureza administrativa (legalidade, impessoalidade, moralidade, publicidade, eficiência interesse público, proporcionalidade e razoabilidade), impondo o exame de sua conceituação e respectiva aplicabilidade.

2.3.1. Legalidade

A atividade desenvolvida pela Administração Pública encontra-se adstrita à lei, ou melhor, ao regime da estrita legalidade, tendo em vista que o Poder Público deve observar a proibição de prática de atos expressamente vedados por referida espécie normativa, bem como a prática daqueles que, única e exclusivamente pela lei, sejam permitidos.

A esse respeito, Celso Antônio Bandeira de Mello[51] observa que:

> Este é o princípio capital para a configuração do regime jurídico-administrativo.
> (...)
> O princípio da legalidade contrapõe-se, portanto, e visceralmente, a quaisquer tendências de exacerbação personalista dos governantes. Opõe-se a todas as formas

---
[51] MELLO, Celso Antônio Bandeira de. *Curso de Direito Administrativo.* 26ª ed. São Paulo: Malheiros, 2009, p. 100.

de poder autoritário, desde o absolutista, contra o qual irrompeu, até as manifestações caudilhescas ou messiânicas típicas dos países subdesenvolvidos. O princípio da legalidade é o antídoto natural do poder monocrático ou oligárquico, pois tem como raiz a idéia de soberania popular, de exaltação da cidadania.

Hely Lopes Meirelles,[52] nesse mesmo sentido, adverte que:

> A legalidade, como princípio de administração (CF, art. 37, *caput*), significa que o administrador público está, em toda a sua atividade funcional, sujeito aos mandamentos da lei e às exigências do bem comum, e deles não se pode afastar ou desviar, sob pena de praticar ato inválido e expor-se a responsabilidade disciplinar, civil e criminal, conforme o caso.
>
> A eficácia de toda atividade administrativa está condicionada ao atendimento da Lei e do Direito. É o que diz o inc. I do parágrafo único do art. 2º da Lei nº 9.784/99. Com isso, fica evidente que, além da atuação conforme à lei, a legalidade significa, igualmente, a observância dos princípios administrativos.

Lídia Maria Lopes Rodrigues Ribas,[53] por sua vez, pontua que:

> A legalidade outorga à Administração a forma de atuar, definindo criteriosamente seus limites e outorgando-lhe poderes jurídicos que possibilitam sua ação. Sem a atribuição prévia a Administração não pode atuar. Toda ação é um poder atribuído previamente pela lei, que o desenha com limites definidos.

O princípio administrativo da legalidade, dessa forma, compreende a ideia de subordinação da Administração Pública às leis; e esta somente poderá fazer aquilo que a lei determinar e não fazer aquilo que a lei expressamente proibir.

2.3.2. Impessoalidade

O princípio da impessoalidade, decorrente da isonomia (igualdade), impede que o ato administrativo seja praticado no intuito de alcançar interesses do próprio agente, pois se encontra adstrito à vontade da lei.

Acerca do princípio da impessoalidade, Maria Sylvia Zanella Di Pietro[54] pontua que:

> Exigir impessoalidade da Administração tanto pode significar que esse atributo deve ser observado em relação aos administrados como à própria Administração. No primeiro sentido, o princípio estaria relacionado com a finalidade pública que deve

---

[52] MEIRELLES, Hely Lopes. *Direito Administrativo Brasileiro*. 35ª ed. Atualizada por AZEVEDO, Eurico de Andrade; ALEIXO, Délcio Balestero; BURLE FILHO, José Manuel. São Paulo: Malheiros, 2009, p. 89.

[53] RIBAS, Lídia Maria Lopes Rodrigues. *Processo Administrativo Tributário*. 3ª ed. São Paulo: Malheiros, 2008, p. 41.

[54] DI PIETRO, Maria Sylvia Zanella. *Direito Administrativo*. 12ª ed. São Paulo: Atlas, 2000, p. 71.

nortear toda a atividade administrativa. Significa que a Administração não pode atuar com vistas a prejudicar ou beneficiar pessoas determinadas, uma vez que é sempre o interesse público que tem que nortear o seu comportamento (...).

(...)

No segundo sentido, o princípio significa, segundo José Afonso da Silva (1989:562), baseado na lição de Gordillo que "os atos e provimentos administrativos são imputáveis não ao funcionário que os pratica, mas ao órgão ou entidade administrativa da Administração Pública, de sorte que ele é o autor institucional do ato. Ele é apenas o órgão que formalmente manifesta a vontade estatal".

Por meio da impessoalidade, procuram-se coibir hipóteses de perseguição, de favorecimento, discriminações benéficas ou prejudiciais aos administrados, de maneira que o ato administrativo seja praticado com distinto objetivo do interesse público, circunstância em que poderá ser declarado nulo ou anulável em virtude do desvio de sua finalidade.

No âmbito do processo administrativo tributário, o princípio da impessoalidade, exemplificativamente, é observado nos casos em que os julgadores tributários manifestam declaração de impedimento quanto à função de julgamento. Aludida circunstância justifica-se por inúmeros motivos, dentre os quais:[55] (i) atuação no exercício da fiscalização direta do tributo ou como representante fiscal; (ii) atuado na qualidade de mandatário ou perito; (iii) interesse econômico ou financeiro, por si, por seu cônjuge ou por parente consanguíneo ou afim, em linha reta ou na colateral até o terceiro grau; e (iv) vínculo, como sócio ou empregado, com a sociedade de advogados ou de contabilistas ou de economistas, ou de empresa de assessoria fiscal ou tributária, a que esteja vinculado o mandatário constituído por quem figura como parte no processo etc.

2.3.3. Moralidade

O princípio da moralidade obriga que a Administração Pública, no desempenho das atividades por meio de seus agentes, atue de forma ética, consistindo em verdadeiro requisito de validade do ato administrativo, uma vez que o ato administrativo que contrarie à moral administrativa estará sujeito ao exame de sua legitimidade,

---

[55] As hipóteses de impedimento e de suspeição encontram-se expressamente previstas nos seguintes dispositivos legais: artigos 18 a 21 da Lei nº 9.784, de 29 de janeiro de 1999 (Federal); artigo 31 da Lei nº 13.457, de 18 de março de 2009 (Estado de São Paulo); e artigos 18 a 20 da Lei nº 14.141, de 27 de março de 2006 (Município de São Paulo).

sob pena de sua declaração de nulidade ou anulabilidade (quer pela própria Administração Pública quer pelo Poder Judiciário).

Importante observar que a moralidade administrativa se encontra relacionada à probidade e à boa-fé, tendo a Lei nº 9.784, de 29 de janeiro de 1999, ao regular o processo administrativo no âmbito da Administração Pública Federal, em seu artigo 2º, parágrafo único, inciso IV, observado que "nos processos administrativos serão observados, entre outros, os critérios de (...) atuação segundo padrões éticos de probidade, decoro e boa-fé".

Ademais, o Código de Ética Profissional do Servidor Público Civil do Poder Executivo Federal, aprovado pelo Decreto nº 1.171, de 22 de junho de 1994, no inciso I do anexo I, estabelece que:

> O servidor público não poderá jamais desprezar o elemento ético de sua conduta. Assim, não terá que decidir somente entre o legal e o ilegal, o justo e o injusto, o conveniente e o inconveniente, o oportuno e o inoportuno, mas principalmente entre o honesto e o desonesto.

Apenas a título ilustrativo, foi expedida Resolução do Secretário dos Negócios da Fazenda nº 51, de 20 de setembro de 2007, que instituiu o Código de Ética da Secretaria da Fazenda do Estado de São Paulo, a qual, de forma pormenorizada, disciplina os contornos das atividades desenvolvidas por seus servidores públicos.

A respeito da questão vertente, Hely Lopes Meirelles[56] assevera que:

> O certo é que a moralidade do ato administrativo juntamente com a sua legalidade e finalidade, além de sua adequação aos demais princípios, constituem pressupostos de validade sem os quais toda atividade pública será ilegítima.

Nessa trilha de entendimento, o Supremo Tribunal Federal, ao apreciar a Ação Direta de Inconstitucionalidade (ADI) nº 2.661,[57] interposta pelo Partido Socialista Brasileiro (PSB) em face da Governadora do Estado do Maranhão e da Assembleia Legislativa do Estado do Maranhão, entendeu que, *verbis:*

> Ação Direta de Inconstitucionalidade. (...) Alegação de Ofensa ao Princípio da Moralidade Administrativa. Plausibilidade Jurídica. Existência de Precedente Específico Firmado Pelo Plenário do Supremo Tribunal Federal (...).
> (...)
> A atividade estatal, qualquer que seja o domínio institucional de sua incidência, está necessariamente subordinada à observância de parâmetros ético-jurídicos que se

---

[56] MEIRELLES, Hely Lopes. *Direito Administrativo Brasileiro.* 35ª ed. Atualizada por AZEVEDO, Eurico de Andrade; ALEIXO, Délcio Balestero; BURLE FILHO, José Manuel. São Paulo: Malheiros, 2009, p. 91.

[57] Relator Ministro Celso de Mello, publicada no *DJe* de 23 de agosto de 2002.

refletem na consagração constitucional do princípio da moralidade administrativa. Esse postulado fundamental, que rege a atuação do poder público, confere substância e dá expressão a uma pauta de valores éticos sobre os quais se funda a ordem positiva do estado.

O princípio constitucional da moralidade administrativa, ao impor limitações ao exercício do poder estatal, legitima o controle jurisdicional de todos os atos do poder público que transgridam os valores éticos que devem pautar o comportamento dos agentes e órgãos governamentais.

A *ratio* subjacente à cláusula de depósito compulsório, em instituições financeiras oficiais, das disponibilidades de caixa do poder público em geral (cf, art. 164, § 3º) reflete, na concreção do seu alcance, uma exigência fundada no valor essencial da moralidade administrativa, que representa verdadeiro pressuposto de legitimação constitucional dos atos emanados do Estado.

(...).

No âmbito do processo administrativo tributário, consideramos que configurariam frontais desrespeitos ao princípio da moralidade, de forma exemplificativa, as hipóteses de (i) conversão de julgamento em diligências desnecessárias em razão de elementos já contidos nos autos; (ii) pedidos de vista protelatórios; (iii) autuação fiscal em desconformidade com entendimento jurídico consolidado (objeto de edição de Súmula) pelos Tribunais Superiores; e (iv) não admitir o seguimento de peças recursais sem a inerente motivação, dentre outros.

2.3.4. Publicidade

O princípio da publicidade exige (i) a publicação do ato administrativo em órgão oficial (Imprensa Oficial) como requisito de sua eficácia – a publicidade não se encontra relacionada à validade do ato administrativo, mas à sua respectiva eficácia, pois, enquanto não publicado, não estará apto a produzir efeitos jurídicos[58] –; e (ii) transparência da atuação administrativa, de forma que assegure amplamente o controle da atividade desenvolvida pela Administração Pública por parte dos administrados.

Decorre do princípio da publicidade a necessidade de transparência – por meio da qual os atos administrativos devam ser obrigatoriamente motivados –, a qual permite o controle de sua respectiva legitimidade.

---

[58] Observamos que, na hipótese de não existir Imprensa Oficial em determinado Município, o ato administrativo poderá ser publicado nos quadros da própria repartição pública, por meio da rede mundial de computadores (internet), na Imprensa Oficial de Município vizinho, dentre outras formas legalmente previstas.

Nesse sentido, acerca da atuação administrativa inerente aos julgamentos no âmbito judicial, ressaltamos que o artigo 93, inciso X, do Texto Constitucional de 1988 assevera que "lei complementar, de iniciativa do Supremo Tribunal Federal, disporá sobre o estatuto da magistratura, observados os seguintes princípios (...) as decisões administrativas dos tribunais serão motivadas e em sessão pública, sendo as disciplinares tomadas pelo voto da maioria absoluta de seus membros".

A esse respeito, o Superior Tribunal de Justiça[59] entendeu pela nulidade de decisão administrativa proferida pelo então Conselho de Recursos da Previdência (atual Conselho Administrativo de Recursos Fiscais – CARF), já que não houve a inerente publicidade da pauta da sessão de julgamento, nos seguintes termos, *verbis:*

> Constitucional. Administrativo e Processo Civil. Mandado de Segurança. Vício Formal de Julgamento de Recurso Administrativo do Conselho de Recursos da Previdência e Assistência Social (...). Imprescindibilidade da Publicação da Pauta no Órgão da Imprensa Oficial.
>
> (...)
>
> Embora possa se cogitar do excesso de formalismo, em processo administrativo, que prima pela informalidade, quanto à exigência de publicidade do julgamento de órgão Colegiado representante do poder revisional da Administração Pública, fato que a intimação pelo Diário Oficial, cientificando o recorrente da data próxima de julgamento de seu recurso administrativo, se faz necessária, para cumprir os anseios da Carta Magna, desde que haja circulação do periódico no local do julgamento (...).

Observamos que no âmbito da Secretaria dos Negócios da Fazenda do Estado de São Paulo, tanto o Tribunal de Impostos e Taxas como as Delegacias Tributárias de Julgamento passaram a publicar todas as suas decisões, intimações, atos e comunicações em geral, por intermédio do *Diário Eletrônico,* que pode ser acessado pelo sítio da própria Sefaz, demonstrando modernização, redução dos custos administrativos de publicação, celeridade, transparência e economia na obtenção de cópias.

2.3.5. Eficiência

O princípio da eficiência tem por finalidade principal a obrigatoriedade de que a atuação da Administração Pública obtenha resultados de forma satisfatória e eficiente. Assim, o princípio em comento obriga que a atividade desenvolvida pela Administração

---

[59] Mandado de Segurança nº 6.169/RO, publicado no *DJe* de 1º de agosto de 2000.

Pública deva ser exercida, nas palavras de Hely Lopes Meirelles, com "presteza, perfeição e rendimento funcional".[60]

Regina Helena Costa[61] esclarece que a ideia apropriada de eficiência no âmbito administrativo compreende o "dever de eficiência", que "constitui exigência do princípio da finalidade pública ou da supremacia do interesse público sobre o particular, segundo o qual a atuação da Administração Pública somente está legitimada a perseguir resultados de interesse coletivo".

Resta claro, portanto, que aludido princípio – introduzido no Texto Constitucional de 1988, por intermédio da Emenda Constitucional nº 19/1998 – ratifica e impõe a qualidade dos atos emanados pela Administração Pública, permitindo sua plena e automática eficácia.

Ao examinar detidamente o princípio da eficiência em matéria tributária, José Eduardo Soares de Melo[62] pontifica que:

> A fiscalização que demora para concluir o seu trabalho junto a um empresário prejudica a Fazenda (falta de eventual lançamento), e o próprio contribuinte (insegurança de comprometimento de seu patrimônio). O mesmo ocorre com o processo administrativo lento, que nunca termina, ficando anos nas gavetas para uma solução, causando transtornos às partes litigantes. A Fazenda vê-se impossibilitada ao recebimento do crédito tributário, na hipótese de o contribuinte dilapidar seu patrimônio, cair em insolvência durante o trâmite processual, passando a inexistirem bens suficientes para garantir a execução judicial.

Com fundamento no princípio da eficiência, citamos os seguintes exemplos: (i) o comando do artigo 24 da Lei nº 11.457, de 16 de março de 2007, que, ao dispor sobre a Administração Tributária Federal, determinou seja proferida decisão administrativa no prazo máximo de 360 dias a contar da data do protocolo de petições, defesas ou recursos administrativos do contribuinte; e (ii) o artigo 49 da Lei nº 9.784, de 29 de janeiro de 1999, que regula o processo administrativo no âmbito da Administração Pública Federal, ao estabelecer que, concluída a instrução dos autos, a Administração tem o prazo de até 30 dias para decidir, salvo se houver prorrogação por igual período expressamente motivada.

---

[60] MEIRELLES, Hely Lopes. *Direito Administrativo Brasileiro*. 35ª ed. Atualizada por AZEVEDO, Eurico de Andrade; ALEIXO, Délcio Balestero; BURLE FILHO, José Manuel. São Paulo: Malheiros, 2009, p. 98.

[61] *Praticabilidade e Justiça Tributária – Exequibilidade da Lei Tributária e Direitos do Contribuinte*. São Paulo: Malheiros, 2007, p. 147.

[62] *Princípio da Eficiência em Matéria Tributária*. Pesquisas Tributárias. Nova Série – 12. MARTINS, Ives Gandra da Silva (coord.). São Paulo: coedição CEU e RT, 2006.

Importante decisão do Poder Judiciário, proferida nos autos da Apelação em Mandado de Segurança nº 2006.71.11.000731-7/RS,[63] prestigiou o princípio da eficiência, especificamente no que tange à sua aplicação no âmbito do processo administrativo tributário, ao determinar que, *verbis:*

> Tributário. Mandado de Segurança. Ato Omissivo da Administração Pública. Processo Administrativo. Prazo de Resposta ao Contribuinte. Princípio da Eficiência.
>
> 1. É dever da Administração Pública pautar seus atos dentro dos princípios constitucionais, no caso, notadamente pelo princípio da eficiência, que se concretiza também pelo cumprimento dos prazos legalmente determinados.
>
> 2. Se a Administração Pública tem prazo estabelecido para decidir acerca de processo administrativo, a dilação desse prazo só pode ocorrer se houver motivo suficientemente capaz de justificar a demora na decisão.
>
> 3. O art. 49 da Lei nº 9.784/99, que assinala prazo máximo de 30 (trinta) dias (prorrogável por mais 30) para decisão da Administração, após concluído o processo administrativo, observadas todas as suas etapas (instrução, etc.).
>
> 4. O art. 24 da Lei nº 11.457 (de 16/03/2007) estipula que: "é obrigatório que seja proferida decisão administrativa no prazo máximo de 360 (trezentos e sessenta) dias a contar do protocolo de petições, defesas ou recursos administrativos do contribuinte".

2.3.6. Interesse público

Nas relações entre os particulares e a Administração Pública, acabará por prevalecer o público, não pela ausência de interesse em se tutelar o interesse individual, mas sim pela garantia de que seja prestigiado o interesse da coletividade.

No que tange ao princípio em referência, Hely Lopes Meirelles[64] pontua que:

> O princípio do interesse público está intimamente ligado ao da finalidade. A primazia do interesse público sobre o privado é inerente à atuação estatal e domina-a, na medida em que a existência do Estado justifica-se pela busca do interesse geral.
>
> (...)
>
> Dele decorre o princípio da indisponibilidade do interesse público, segundo o qual a Administração Pública não pode dispor desse interesse geral nem renunciar a poderes que a lei lhe deu para tal tutela, mesmo porque ela não é titular do inte-

---

[63] Segunda Turma do Tribunal Regional Federal da Quarta Região, Relator Juiz Leandro Paulsen, julgado em sessão de 24 de abril de 2007, publicado no *DEJF* da Quarta Região de 13 de junho de 2009, p. 117/118.

[64] MEIRELLES, Hely Lopes. *Direito Administrativo Brasileiro.* 35ª ed. Atualizada por AZEVEDO, Eurico de Andrade; ALEIXO, Délcio Balestero; BURLE FILHO, José Manuel. São Paulo: Malheiros, 2009, p. 105.

resse público, cujo titular é o Estado, que, por isso, mediante lei poderá autorizar a disponibilidade ou a renúncia.

Imperioso observar que, nas relações processuais instauradas entre Fisco e contribuinte, não se pode, jamais, confundir o interesse público com o interesse da Administração Pública, sendo vedada a prática de ato administrativo valorado por interesses pessoais, arbitrários e confiscatórios que almejem, a qualquer custo, exigências indevidas ou injustas do contribuinte.

2.3.7. Proporcionalidade e razoabilidade

O princípio da razoabilidade tem por objetivo verificar a compatibilidade entre os meios empregados e as finalidades almejadas na prática de determinado ato administrativo, no intuito de evitar restrições inadequadas, desnecessárias, arbitrárias ou abusivas aos administrados por parte de Administração Pública.

Por sua vez, o princípio da proporcionalidade consiste numa das vertentes do princípio da razoabilidade, tendo em vista que a razoabilidade, dentre outros aspectos, requer que haja proporcionalidade entre os meios utilizados pela Administração Pública e as finalidades pretendidas.

Hely Lopes Meirelles[65] assevera, nesse sentido, que:

> Sem dúvida, pode ser chamado de princípio da proibição de excesso, que, em última análise, objetiva aferir a compatibilidade entre os meios e os fins, de modo a evitar restrições desnecessárias ou abusivas por parte da Administração Pública, com lesão aos direitos fundamentais. Como se percebe, parece-nos que a razoabilidade envolve a proporcionalidade, e vice-versa.

Aludidos princípios apresentam-se relevantes instrumentos inerentes ao controle da legitimidade, no propósito de apurar eventual exercício de poder discricionário por parte da Administração Pública. Buscam verificar se o ato administrativo revela-se adequado, necessário e justificado pelo interesse público.

Nesse sentido, o artigo 2º, parágrafo único, inciso VI, da Lei nº 9.784, de 29 de janeiro de 1999, que regulamenta o processo administrativo no âmbito da Administração Pública Federal, determina a adoção do critério de "adequação entre meios e fins, vedada a imposição de obrigações, restrições e sanções em medida superior

---

[65] MEIRELLES, Hely Lopes. *Direito Administrativo Brasileiro*. 35ª ed. Atualizada por AZEVEDO, Eurico de Andrade; ALEIXO, Délcio Balestero; BURLE FILHO, José Manuel. São Paulo: Malheiros, 2009, p. 94/95.

àquelas estritamente necessárias ao atendimento do interesse público".

2.3.8. Questão conexa. Praticabilidade

Identifica-se moderna corrente doutrinária que defende a existência de um denominado "princípio da praticabilidade", o qual se apresenta como um imperativo constitucional implícito, que objetiva, em última análise, tornar o ordenamento jurídico exequível e realizável, com maior eficiência e celeridade, devidamente em conformidade aos parâmetros legais e constitucionais.

Para respeitáveis autores, a praticabilidade (ou praticidade) consiste em princípio difuso, extraído do ordenamento jurídico, não por intermédio de norma jurídica específica, mas sim mediante a análise da totalidade do sistema jurídico.

No que concerne à definição do princípio em referência, Regina Helena Costa[66] ensina-nos que:

> Portanto, a praticabilidade, também conhecida como praticidade, pragmatismo ou factibilidade, pode ser traduzida, em sua acepção jurídica, no conjunto de técnicas que visam a viabilizar a adequada execução do ordenamento jurídico.
> (...)
> A praticabilidade está presente no exercício de todas as funções estatais. Isso porque tanto as leis quanto os atos decorrentes de sua aplicação aos casos concretos – administrativos e jurisdicionais – devem expressar-se em termos exequíveis e práticos.
> (...)
> A praticabilidade igualmente emana dos atos jurisdicionais e se revela por meio de diversos princípios e institutos, tais como os princípios de instrumentalidade do processo e da instrumentalidade das formas, a uniformização de jurisprudência, a súmula vinculante e a coisa julgada.
> (...)
> Trata-se de autêntico princípio, e não simples regra jurídica, porque ostenta traços característicos daquela espécie normativa: (...).

Misabel Abreu Machado Derzi,[67] por sua vez, entende que, apesar de não encontrar formulação expressa, a praticidade apre-

---

[66] COSTA, Regina Helena. *Praticabilidade e Justiça Tributária – Exeqüibilidade de Lei Tributária e Direitos do Contribuinte.* São Paulo: Malheiros, 2007, p. 53 e 388/389.

[67] DERZI, Misabel Abreu Machado. *Legitimidade Material, Modo de pensar 'Tipificante' e Praticidade no Direito Tributário. Justiça Tributária – 1º Congresso Internacional de Direito Tributário – Ibet.* São Paulo: Max Limonad, 1998, p. 627/650.

senta-se como um princípio geral e difuso, uma vez que decorre implicitamente dos demais comandos de natureza constitucional.

Acerca do tema vertente, Sergio André Rocha[68] esclarece que:

> No campo do processo administrativo, o princípio da praticidade implica a necessidade de simplificação das formas processuais, de modo que possam as mesmas ser observadas pelos contribuintes e pela própria Fazenda Pública, sendo do interesse de toda a coletividade que os contribuintes tenham meios simples e eficazes de defesa e que a Fazenda possua formas igualmente simples e eficazes de exigência dos tributos devidos.

No entanto, em que pesem respeitáveis considerações doutrinárias, não nos parece que a praticabilidade se caracterize como autêntico princípio, tendo em vista que decorre da própria operacionalidade e aplicação das normas jurídicas contidas no ordenamento jurídico, o que justificaria, para fins de estruturação do presente estudo, sua abordagem conjunta aos demais princípios gerais de natureza administrativa, com a observação de que compreenderia "questão conexa".

Dessa forma, comungamos do entendimento proferido por Sacha Calmon Navarro Coêlho,[69] no sentido de que:

> Nas modernas sociedades de massas, a tentação dos Fiscos, escudados nos "grandes números" e em nome da "racionalização", é para "simplificar" a tributação. Fala-se, muito, no princípio da "praticabilidade". Ao meu sentir, este tal não foi e jamais será princípio jurídico. É simples tendência para igualar e simplificar, sem considerar os princípios da justiça, da igualdade e da capacidade contributiva. E, a não ser que os respeite ou seja benéfico ou opcional para o contribuinte, não poderá prevalecer.

Por reconhecermos que a praticabilidade compreenda requisito decorrente da própria operacionalidade e aplicação das normas jurídicas contidas no ordenamento jurídico, parece-nos conveniente e oportuno que a Administração Pública adote eficazes medidas no âmbito do processo administrativo tributário, tais como: (i) a elaboração de pautas de julgamento com assuntos similares; (ii) o julgamento de processos em retorno de pedido de vista anteriormente à discussão e julgamento de novos processos; e (iii) o julgamento de operações fiscais que compreendam todas as decorrentes exigências fiscais etc.

---

[68] ROCHA, Sergio André. *Processo Administrativo Fiscal – Controle Administrativo do Lançamento Tributário*. 2ª ed. Rio de Janeiro: Lumen Juris, 2007, p. 80.

[69] COÊLHO, Sacha Calmon Navarro. *Curso de Direito Tributário Brasileiro*. 9ª ed. Rio de Janeiro: Forense, 2006, p. 280.

2.4. Princípios específicos de natureza processual administrativa

Em complemento aos princípios de natureza constitucional e administrativa, o processo administrativo tributário compreende, de forma expressa, nos dispositivos legais de regência (Lei Federal nº 9.784, de 29 de janeiro de 1999; Decreto Federal nº 70.235, de 6 de março de 1972; Lei Complementar do Estado de São Paulo nº 939, de 3 de abril de 2003; Lei do Estado de São Paulo nº 13.457, de 18 de março de 2009; Lei do Município de São Paulo nº 14.141, de 27 de março de 2006; e Lei do Município de São Paulo nº 14.107, de 12 de dezembro de 2005), princípios de aplicação complementar e cumulativa.

No âmbito federal, a Lei nº 9.784, de 29 de janeiro de 1999, que regula o processo administrativo no âmbito da Administração Pública, determina em seu artigo 2º que, dentre outros, devem ser observados os princípios da legalidade, da finalidade, da motivação, da razoabilidade, da proporcionalidade, da moralidade, da ampla defesa, do contraditório, da segurança jurídica, do interesse público e da eficiência.

No âmbito do Estado de São Paulo, o artigo 2º da Lei nº 13.457, de 18 de março de 2009, estabelece que o processo administrativo tributário obedecerá, dentre outros requisitos de validade, aos princípios da publicidade, da economia, da motivação, da celeridade, do contraditório e da ampla defesa.

Nesse sentido, a Lei Complementar nº 939, de 3 de abril de 2003, ao instituir o denominado Código de Direitos, Garantias e Obrigações dos Contribuintes, em seu artigo 5º, inciso IV, aponta a necessidade de serem observados os princípios do contraditório, da ampla defesa e da duplicidade de instância.

Finalmente, no âmbito do Município de São Paulo, o artigo 2º da Lei nº 14.141, de 27 de março de 2006, estipula que a Administração Pública deverá observar os princípios do interesse público, da economicidade, da eficiência, da legalidade, da motivação, da razoabilidade, da proporcionalidade, da moralidade, da impessoalidade e da publicidade.

Observa-se, de plano, que, embora o processo administrativo tributário nas esferas federal, estadual (Estado de São Paulo) e municipal (Município de São Paulo) se encontre submetido aos princípios de natureza constitucional e administrativa, somente o princípio da motivação (específico do processo administrativo tributário) encontra comum previsão nas três esferas administrativas.

Ademais, mister se faz ressaltar a existência de demais princípios específicos ao processo administrativo (federal, estadual e municipal) que não encontram expressa previsão nas respectivas legislações, mas que se mostram plenamente aplicáveis nas referidas esferas, quais sejam: princípios da verdade material (valoração das provas), da celeridade, da gratuidade e da informalidade (informalismo).

2.4.1. Motivação

Ainda que a motivação não compreenda princípio exclusivo do procedimento administrativo tributário, mas sim de todo o regime jurídico administrativo,[70] a legislação de regência (federal, estadual e municipal) atribui-lhe, de forma expressa, especial relevância e aplicabilidade.

O princípio da motivação, especificamente com relação ao processo administrativo tributário, consiste na obrigatoriedade de que os atos dos agentes da Administração Pública somente estarão aptos à produção de efeitos jurídicos, se estiverem efetivamente fundamentados, mediante a demonstração clara, precisa e detalhada das razões jurídicas que culminam nos seus respectivos entendimentos.

Pressupõe a indicação das justificativas dos atos administrativos, fundamentalmente no que concerne aos argumentos de natureza fática e de direito, que compreendem as razões do entendimento exarado (liberdade de persuasão, de convencimento e livre apreciação das provas).

Portanto, a motivação consiste na exposição, pela Administração Pública, das razões que levaram à prática de determinado ato administrativo, na explicitação das circunstâncias que, em consonância com as hipóteses normativas, determinaram a prática do ato administrativo.

O ato administrativo elaborado pelo agente público deve estar devidamente fundamentado e motivado, de maneira que o administrado se encontre apto a proceder conforme sua disposição ou,

---

[70] EMERENCIANO, Adelmo da Silva. *Procedimentos Fiscalizatórios e a Defesa do Contribuinte*. 2ª ed. Campinas: Copola, 2000, p. 206.

ainda, confrontá-lo, sob pena de decretação de nulidade ou anulabilidade, uma vez que o administrado deve ter plena segurança acerca da legalidade de seus atos e sobre a sua consequente proteção jurídica.

Nesse sentido, revela-se primordial a lição de José Eduardo Soares de Melo,[71] a saber:

> Conquanto a lide possa ser rica de fundamentos jurídicos, e encontrar-se amparada em farta documentação oferecida pelos litigantes, alguns julgadores singulares se têm pautado por comportamento lacunoso, utilizando-se o chavão seguinte: "analisadas as alegações do contribuinte, a manifestação do fisco e examinados os dispositivos regulamentares, julgo procedente o Auto de Infração".
>
> Os tribunais administrativos nem sempre primam pelo exame rigoroso das alegações expendidas na lide, cingindo-se à mera manutenção (ou insubsistência) do julgado recorrido, deixando de adentrar no específico exame das questões suscitadas, omitindo a referência a documentos, valores, etc.

Ora, a observância ao princípio da motivação no processo administrativo tributário, especialmente com relação às decisões proferidas, justifica-se, em síntese, pelas razões seguintes:

> i) o julgador tributário, ao motivar sua decisão, demonstra que tomou conhecimento dos elementos constantes do processo (alegações apresentadas pelas partes litigantes, provas carreadas aos autos etc.), apontando que a decisão proferida abordara, de forma irrestrita, todas as questões compreendidas nos autos;
>
> ii) a motivação, como decorrência lógica do princípio da publicidade, permite que os atos praticados nos autos possam ser objeto de acompanhamento (fiscalização) pelos administrados de maneira geral; e
>
> iii) para que se torne possível a interposição de peças recursais, mostra-se relevante a motivação da decisão prolatada, de forma a demonstrar os fundamentos dos recursos, da legitimidade e do interesse recursal.

A esse respeito, Hely Lopes Meirelles[72] adverte que:

> Pela motivação o administrador público justifica sua ação administrativa, indicando os fatos (pressupostos de fato) que ensejam o ato e os preceitos jurídicos (pressupostos de direito) que autorizam sua prática.
>
> (...)
>
> A motivação, portanto, deve apontar a causa e os elementos determinantes da prática do ato administrativo, bem como o dispositivo legal em que se funda.

---

[71] MELO, José Eduardo Soares de. *Processo Tributário Administrativo e Judicial*. São Paulo: Quartier Latin, 2009, p. 68.

[72] MEIRELLES, Hely Lopes. *Direito Administrativo Brasileiro*. 35ª ed. Atualizada por AZEVEDO, Eurico de Andrade; ALEIXO, Délcio Balestero; BURLE FILHO, José Manuel. São Paulo: Malheiros, 2009, p. 103.

Celso Antônio Bandeira de Mello,[73] por sua vez, conclui que:

(...) o mínimo que daí se pode extrair é que existe um projeto constitucional assecuratório de "transparência" da Administração. Disto decorre que aos administrados em geral haverá de ser dado não apenas o direito de saber o que a Administração faz, mas, também, por que o faz.

Entendemos, com a devida vênia, totalmente descabido o seguinte entendimento contido em Acórdão proferido pelo Superior Tribunal de Justiça,[74] a saber: "(...) o órgão judicial, para expressar a sua convicção, não precisa aduzir comentários sobre todos os argumentos levantados pelas partes. Sua fundamentação pode ser sucinta, pronunciando-se acerca do motivo que, por si só, achou suficiente para a composição do litígio".

Isso porque o julgador tributário, ao deixar de apreciar, de forma específica e individualizada, todos os argumentos de natureza fática e de mérito em prestígio a determinada alegação de parte, incorrerá, em nosso sentir, em frontal desrespeito aos princípios do contraditório e da ampla defesa, cerceando o direito da parte no que tange ao devido processo legal.

Em virtude do entendimento de que a omissão de requisitos essenciais à decisão acaba por incorrer na sua nulidade, o antigo Conselho de Contribuintes do Ministério da Fazenda decidiu que,[75] *verbis*:

Preliminar. Nulidade do Lançamento por Cerceamento do Direito de Defesa. A ausência, nos autos, de descrição minuciosa dos fatos e, ainda, de demonstrativos hábeis a esclarecer o critério adotado para apurar o montante de "recursos" e "aplicações", consignados nos demonstrativos de acréscimo patrimonial a descoberto, além de cercear a garantia constitucional de ampla defesa, impedem o exame da matéria pela autoridade julgadora de segunda instância.

No âmbito do processo administrativo tributário do Estado de São Paulo, o Tribunal de Impostos e Taxas da Secretaria dos Negócios da Fazenda manifestou entendimento jurídico,[76] a saber:

---

[73] MELLO, Celso Antônio Bandeira de. *Curso de Direito Administrativo*. 25ª ed. São Paulo: Malheiros, 2009, p. 500.

[74] Primeira Turma, Agravo de Instrumento nº 169.073/SP, Agravo Regimental, Relator Ministro José Delgado, julgado em 4 de junho de 1998, publicado no *DJU* de 17 de agosto de 1998.

[75] Acórdão nº 106-11.750, publicado no *DOU* de 5 de abril de 2001.

[76] Processo DRTCI nº 11324/1997, Juiz Relator Antonio Carlos de Moura Campos, Câmaras Reunidas, julgado em sessão de 29 de maio de 2001, Ementário do TIT 2003, p. 214/215. O Tribunal de Impostos e Taxas da Secretaria dos Negócios da Fazenda do Estado de São Paulo manifestou idêntico entendimento nos acórdãos proferidos nos seguintes autos: Processo DRT nº 05 1370/1994, Juiz Relator Antonio Augusto Silva Pereira de Carvalho, Quinta Câmara Suplementar, julgado em sessão de 13 de outubro de 1998; Processo DRTCI nº 444423/2005, Juiz Relator Marco Gandelman, Câmaras Reunidas, julgado em sessão de 22 de janeiro de 2009;

> Processo Administrativo Tributário. Nulidade. Inobservância do princípio da fundamentação das decisões. Ausência da indicação dos motivos de fato e de direito, nos quais deve ser embasada a parte dispositiva, fulmina de nulidade a decisão. Recurso provido. Recurso do contribuinte.

O próprio Superior Tribunal de Justiça proferiu entendimento divergente do exarado no Agravo de Instrumento nº 169.073/SP (acima transcrito),[77] *verbis:*

> Tributário. Lançamento Fiscal. Requisitos do Auto de Infração e Ônus da Prova. O lançamento fiscal, espécie de ato administrativo, goza de presunção de legitimidade; essa circunstância, todavia, não dispensa a Fazenda Pública de demonstrar, no correspondente auto de infração, a metodologia seguida para o arbitramento do imposto – exigência que nada tem a ver com a inversão do ônus da prova, resultando da natureza do lançamento fiscal, que deve ser motivado. Recurso especial não conhecido.

No entanto, com a devida vênia, embora este não compreenda nosso entendimento acerca da questão sob exame, o Egrégio Supremo Tribunal Federal, em Repercussão Geral na Questão de Ordem no Agravo de Instrumento nº 791.292/PE, acolheu por maioria de votos o entendimento exarado pelo Ministro-Relator Gilmar Mendes, cuja ementa fora redigida nos seguintes termos:

> 1. Questão de ordem. Agravo de Instrumento. Conversão em recurso extraordinário (CPC, art. 544, §§ 3º e 4º). 2. Alegação de ofensa aos incisos XXXV e LX do art. 5º e ao inciso IX do art. 93 da Constituição Federal. Inocorrência. 3. O art. 93, IX, da Constituição federal exige que o acórdão ou decisão sejam fundamentados, ainda que sucintamente, sem determinar, contudo, o exame promenorizado de cada uma das alegações ou provas, nem que sejam corretos os fundamentos da decisão. 4. Questão de ordem acolhida para reconhecer a repercussão geral, reafirmar a jurisprudência do Tribunal, negar provimento ao recurso e autorizar a adoção dos procedimentos relacionados à repercussão geral.

2.4.2. Verdade material e valoração das provas

O exercício da busca pela verdade material, por intermédio do exame pormenorizado e da valoração das provas carreadas aos autos pelas partes (tanto pelas autoridades fazendárias quanto pelos contribuintes), é, sem dúvida, um dos mais relevantes no âmbito do processo administrativo tributário.

Processo DRTCIII nº 95504/2002, Juiz Relator Casimiro Moisés Rodrigues, Câmaras Reunidas, julgado em sessão de 13 de novembro de 2008.

[77] Recurso Especial nº 48.516/SP, Relator Ministro Ari Pargendler, publicado no *DJ* de 13 de outubro de 1997.

Isso porque, por meio da análise e da respectiva valoração das provas (documentos fiscais, contábeis, contratuais, comerciais, laudos, perícias, diligências, pareceres jurídicos, opiniões legais etc.), concomitante aos argumentos de mérito apresentados pelas partes, o julgador tributário se encontra apto a determinar a solução do litígio instaurado.

Nessa trilha jurídica, Celso Antônio Bandeira de Mello[78] ensina-nos que:

> Deveras, se a Administração tem por finalidade alcançar verdadeiramente o interesse público fixado na lei, é óbvio que só poderá fazê-lo buscando a verdade material, ao invés de satisfazer-se com a verdade formal, já que esta, por definição, prescinde do ajuste substancial com aquilo que efetivamente é, razão por que seria insuficiente para proporcionar o encontro com o interesse público substantivo.

No que concerne ao princípio da verdade material, James Marins[79] assevera que:

> A exigência da verdade material corresponde à busca pela aproximação entre a realidade factual e sua representação formal; aproximação entre os eventos ocorridos na dinâmica econômica e o registro formal de sua existência; entre a materialidade do evento econômico (fato imponível) e sua formalização através do lançamento tributário. A busca pela verdade material é princípio de observância indeclinável da Administração tributária no âmbito de suas atividades procedimentais e processuais.
>
> (...)
>
> Entretanto, variadas práticas adotadas pela Administração fazendária conspiram contra a busca da verdade material. Presunções tributárias, ficções legais, pautas fiscais, arbitramentos tributários, substituições "para frente" e outros expedientes de semelhante jaez, quando utilizados desnecessariamente, operando como autêntico "atalho" ao dever de investigação, conciuam o primado da verdade material e, muitas vezes, sequer satisfazem a verdade formal.

A esse respeito, ousamos ressaltar que o exercício da valoração das provas, atualmente, tem-se apresentado com maior relevância do que a discussão acerca do ônus da prova, no sentido de que "o ônus da prova incumbe (...) ao autor, quanto ao fato constitutivo do seu direito", nos termos do artigo 333, inciso I, do Código de Processo Civil, fonte de aplicação subsidiária ao processo administrativo tributário.

E tal assertiva confirma-se pela circunstância de que, mais do que se limitar a alegar a quem compete o ônus da prova no âm-

---

[78] MELLO, Celso Antônio Bandeira de. *Curso de Direito Administrativo*. 26ª ed. São Paulo: Malheiros, 2009, p. 502.

[79] MARINS, James. *Direito Processual Tributário Brasileiro (Administrativo e Judicial)*. 5ª ed. São Paulo: Dialética, 2010, p. 158/159.

bito do processo administrativo tributário, mostra-se de maior relevância a demonstração documental (verdade material) do entendimento jurídico arguido pela parte (quer pelo Fisco quer pelo contribuinte).

As alegações lastreadas em comprovação documental caracterizam-se por maior efeito valorativo, ao passo que a singela discussão inerente ao ônus da prova (em que pese sua pertinência) acaba por enfraquecer o direito da parte litigante.

Dessa perspectiva, é pertinente o entendimento exposto por Lídia Maria Lopes Rodrigues Ribas,[80] no sentido de que:

> Outrossim, não se admite mais que a presunção de legitimidade do ato administrativo do lançamento inverta o ônus da prova e, por isso, exonere a Administração de provar os fatos que afirma. Ao contrário, no equilíbrio da relação processual, a prova consiste na demonstração da existência ou da verdade daquilo que se alega e do fundamento do direito. As alegações de defesa que não estiverem acompanhadas da produção das competentes e eficazes provas desfiguram-se e obliteram o arrazoado defensório, pelo quê prospera a exigibilidade fiscal.

No que concerne ao objeto, a instrução do processo administrativo tributário tem por finalidade a incessante busca pela verdade material, de forma que seus meios de instrução possibilitem a formação da convicção acerca da efetiva e real existência do fato tributário.

Nesse sentido jurídico, o antigo Conselho de Contribuintes do Ministério da Fazenda manifestou o entendimento jurídico seguinte,[81] *verbis:*

> Processo Administrativo Fiscal. Princípio da Verdade Material. Nulidade. A não apreciação de documentos juntados aos autos depois da impugnação tempestiva e antes da decisão fere o princípio da verdade material com ofensa ao princípio constitucional da ampla defesa. No processo administrativo predomina o princípio da verdade material, no sentido de que aí se busca descobrir se realmente ocorreu ou não o fato gerador, pois o que está em jogo é a legalidade da tributação. O importante é saber se o fato gerador ocorreu e se a obrigação teve seu nascimento. Preliminar acolhida. Recurso provido.

No âmbito do processo administrativo tributário do Estado de São Paulo, o Tribunal de Impostos e Taxas da Secretaria dos Ne-

---

[80] RIBAS, Lídia Maria Lopes Rodrigues. *Processo Administrativo Tributário*. 3ª ed. São Paulo: Malheiros, 2008, p. 207.
[81] Acórdão nº 103-19.789, publicado no *DOU* de 29 de janeiro de 1999.

gócios da Fazenda manifestou o seguinte entendimento jurídico,[82] *verbis:*

> Auto de Infração. Feito inconsistente, por não conter a fundamentação legal e os elementos de prova e por descrever algumas das infrações apenas de modo genérico. Apelo parcialmente provido.
>
> Não é dado à Fiscalização o direito de acusar o contribuinte sem que esteja suficientemente provada, nos autos, a infringência de qualquer dispositivo legal. A Fiscalização, em quatro dos itens do AIIM, faz acusações de ordem genérica, sem especificar a origem dos fatos ou de que forma foram eles detectados, e não juntando qualquer prova a sustentar a sua posição.

Portanto, constitui dever da Administração Pública, no âmbito do processo administrativo tributário (federal, estadual, distrital e municipal) levar em consideração e, principalmente, examinar, de forma irrestrita, todas as provas acostadas aos autos pelas partes litigantes e "até mesmo determinar a produção de provas, trazendo-as aos autos, quando elas forem capazes de influenciar na decisão".[83]

2.4.3. Celeridade

O princípio da celeridade se apresenta como decorrência lógica do princípio da eficiência administrativa, insculpido no artigo 37, da Constituição Federal de 1988. Curiosamente, em que pese o processo administrativo tributário encontrar-se submetido ao princípio da eficiência, apenas na esfera do Estado de São Paulo é que o princípio da celeridade encontra expressa previsão legal, nos termos do artigo 2º da Lei nº 13.457, de 18 de março de 2009.

E para que se busque o preciso conceito do princípio em referência, não se mostra relevante tecermos grandes considerações a seu respeito, pois a celeridade compreende a ideia de que as lides de matéria tributária, no âmbito do processo administrativo tributário, devam ser solucionadas de forma célere, rápida e eficaz.

Convém salientar que, por intermédio do princípio da celeridade, a Administração Pública, nas palavras de Celso Antônio Bandeira de Mello, "deve atuar no processo com presteza, de sorte a que

---

[82] Processo DRT nº 01 10274/1980, Juiz Relator Waldemar dos Santos, Primeira Câmara Efetiva, julgado em sessão de 29 de junho de 2001, *Boletim do TIT* nº 135, de 1º de maio de 1982.
[83] RIBAS, Lídia Maria Lopes Rodrigues. *Processo Administrativo Tributário.* 3ª ed. São Paulo: Malheiros, 2008.

esse tenha, como diz o texto constitucional (art. 5º, LXXVIII), duração 'razoável' e se assegure a 'celeridade de sua tramitação'".[84]

No entanto, ressaltamos que a almejada celeridade processual jamais poderá pressupor o comprometimento da qualidade dos julgamentos, pois é indubitável que a apreciação de processo administrativo tributário, sem a promoção do exame detalhado dos argumentos apresentados pelas partes, bem como a avaliação pormenorizada das provas carreadas aos autos, certamente não produzirá a almejada justiça fiscal, podendo acarretar cerceamento de defesa e inerentes vícios processuais.

Circunstância processual de extrema curiosidade concerne à Súmula nº 04, de 2003, editada pelo Tribunal de Impostos e Taxas da Secretaria dos Negócios da Fazenda do Estado de São Paulo, no sentido de que "não é admissível a prescrição intercorrente no processo administrativo tributário".

Isso porque inadmitir a ocorrência da prescrição intercorrente no âmbito do processo administrativo tributário compreenderia verdadeira contradição ao princípio da celeridade processual, uma vez que a possibilidade de arguição e o provável reconhecimento da prescrição intercorrente certamente compreenderiam medidas que contribuiriam à celeridade processual, fazendo com que os litígios de natureza administrativa e tributária no âmbito do Estado de São Paulo não levassem, em média, aproximadamente cinco anos para seu desfecho.

Nesse sentido, identificamos patente desrespeito ao princípio da celeridade na esfera do processo administrativo tributário federal. Vejamos.

Conforme apontado no presente estudo, especificamente com relação ao princípio da eficiência administrativa, o artigo 49 da Lei Federal nº 9.784, de 29 de janeiro de 1999, e o artigo 24 da Lei Federal nº 11.457, de 16 de março de 2007, estipulam que, *verbis:*

> Art. 49. Concluída a instrução de processo administrativo, a Administração tem o prazo de até trinta dias para decidir, salvo prorrogação por igual período expressamente motivada. (Lei nº 9.784, de 29 de janeiro de 1999)
>
> Art. 24. É obrigatório que seja proferida decisão administrativa no prazo máximo de 360 (trezentos e sessenta) dias a contar do protocolo de petições, defesas ou recursos administrativos do contribuinte. (Lei nº 11.457, de 16 de março de 2007)

---

[84] MELLO, Celso Antônio Bandeira de. *Curso de Direito Administrativo.* 26ª ed. São Paulo: Malheiros, 2009, p. 497.

No entanto, observamos que o Conselho Administrativo de Recursos Fiscais (CARF) do Ministério da Fazenda editou a Súmula nº 11, no sentido de que "não se aplica a prescrição intercorrente no processo administrativo fiscal".

Dessa forma, parece-nos que referidas Súmulas estariam em total descompasso não apenas com os diplomas legais acima transcritos, que foram editados com fundamento no princípio constitucional da eficiência da Administração Pública, mas também com o princípio da celeridade, que almeja solucionar as lides administrativas de maneira rápida, eficaz e qualitativa.

2.4.4. Gratuidade

O princípio da gratuidade resulta na impossibilidade de cobrança de quaisquer despesas processuais, honorários advocatícios de sucumbência, depósito recursal prévio, realização de diligências, perícias etc. no âmbito do processo administrativo tributário, de forma que não sejam impostos óbices que impeçam o livre acesso dos administrados à instância administrativa, caracterizando-se pela absoluta gratuidade; a Administração Pública não pode impor obstáculos ao acesso dos administrados ao processo administrativo tributário (ausência da cobrança de valores de quaisquer naturezas).

Neste sentido, são precisas as lições de Adelmo da Silva Emerenciano,[85] a saber:

> Exige o princípio da gratuidade que todos os custos da ação fiscal sejam suportados pela administração, não podendo ser imposta ao contribuinte a assunção das despesas com o seu desempenho. É intolerável, assim, que perícias, levantamentos, movimentação de cargas armazenadas, encadernações etc. tenham seu custeio arcados pelo contribuinte.

A respeito do princípio da gratuidade, Celso Antônio Bandeira de Mello[86] adverte que "através dele pretende-se garantir que o procedimento administrativo não seja causa de ônus econômicos ao administrado".

No âmbito do processo administrativo tributário federal, o princípio em referência fora consagrado no inciso XI do parágrafo

---

[85] EMERENCIANO, Adelmo da Silva. *Procedimentos Fiscalizatórios e a Defesa do Contribuinte*. 2ª ed. Campinas: Copola, 2000, p. 205.

[86] MELLO, Celso Antônio Bandeira de. *Curso de Direito Administrativo*. 26ª ed. São Paulo: Malheiros, 2009, p. 498.

único do artigo 2º da Lei nº 9.784, de 29 de janeiro de 1999, ao estabelecer a "proibição de cobrança de despesas processuais, ressalvadas as previstas em lei".

Por sua vez, na esfera do processo administrativo tributário do Município de São Paulo, o inciso V do § 1º do artigo 2º da Lei nº 14.141, de 27 de março de 2006, estabelece a proibição de cobrança de despesas processuais, ressalvadas as previstas em lei ou decreto.

Importante observar que o Município de São Paulo determinou, recentemente, que os recursos somente teriam seguimento se o contribuinte efetuasse depósito administrativo em dinheiro de valor equivalente a 30% da exigência fiscal devida no Auto de Infração ou na Notificação de Lançamento.[87] No entanto, aludida obrigação (depósito de garantia recursal) foi expressamente revogada.[88]

2.4.5. Questão conexa. Informalidade

Respeitável corrente doutrinária identifica a existência de um intitulado "princípio da informalidade" (ou informalismo), o qual significa que, nos limites da lei, poderá haver dispensa de certo requisito formal, sempre que a sua ausência não prejudicar terceiros nem comprometer o interesse público.

A esse respeito, determinado direito não poderia ser negado em razão da inobservância de certa formalidade instituída para garanti-lo, desde que o interesse público pretendido tenha sido efetivamente alcançado, compreendendo a premissa de tornar mais célere o rito processual.

Nesse contexto, uma das formas de exteriorização da informalidade encontraria previsão no inciso IX do parágrafo único do artigo 2º da Lei nº 9.784, de 29 de janeiro de 1999, que regula o processo administrativo no âmbito da Administração Pública Federal, ao estabelecer a "adoção de formas simples, suficientes para propiciar adequado grau de certeza, segurança e respeito aos direitos dos administrados".

No entendimento de Celso Antônio Bandeira de Mello,[89] o princípio do informalismo "significa que a Administração não po-

---

[87] Artigo 42, § 1º, da Lei nº 14.107, de 12 de dezembro de 2005.
[88] Artigo 3º da Lei nº 14.449, de 22 de junho de 2007.
[89] MELLO, Celso Antônio Bandeira de. *Curso de Direito Administrativo*. 26ª ed. São Paulo: Malheiros, 2009, p. 498.

derá ater-se a rigorismos formais ao considerar as manifestações do administrado".

No entanto, não nos parece ser possível admitir a existência de um princípio da informalidade (ou informalismo) no âmbito do processo administrativo tributário, ainda que, implicitamente, encontremos manifestações a esse respeito na esfera do processo administrativo tributário, pelos seguintes motivos, a saber: (i) o ato administrativo apresenta a "forma" como um de seus elementos essenciais de validade; e (ii) em determinadas hipóteses, poderiam restar comprometidos os princípios do devido processo legal e da segurança jurídica.

Por tais razões, justifica-se, para fins de estruturação do presente estudo, sua abordagem conjunta aos demais princípios específicos de natureza processual administrativa, com a observação de que compreenderia "questão conexa".

Identificamos algumas situações em que ocorre efetiva informalidade no âmbito do processo administrativo tributário, sem que tenham o condão de afirmar a existência de um princípio da informalidade, quais sejam: (i) a entrega de Memoriais e/ou documentos no curso da realização da sustentação oral das razões recursais sem a necessidade de formal protocolização e respectiva juntada pelo julgador tributário aos autos; e (ii) o requerimento de preferência para a realização do julgamento em sessão devidamente agendada para acompanhamento pessoal pela parte; dentre outras.

3. Noções gerais do ato administrativo, do lançamento e do auto de infração

3.1. Ato Administrativo

3.1.1. Conceito

A busca pela essência do que efetivamente compreenda o conceito do "ato administrativo" revela-se de extrema importância ao objeto do presente estudo. Tal relevância, além de justificar-se pela circunstância de que a esfera processual de tramitação das lides tributárias sob exame ocorre no âmbito do Poder Executivo,[90] decorre do fato de que o processo administrativo tributário se desenvolve por intermédio da prática de inúmeros "atos administrativos", o que implica, por via de consequência, obrigatoriamente, a observância dos seus requisitos, atributos e formas de invalidação.

Na medida em que o ato administrativo não encontra expressa definição legal no ordenamento jurídico pátrio, em nosso entendimento, aludida tarefa deverá partir do exame da Teoria Geral do Direito, especialmente no que concerne à análise dos conceitos dos "fatos" e dos "atos jurídicos".

Adotando referido ponto de partida, entendemos que "fato" é todo aquele acontecimento ocorrido no mundo fenomênico, que pode, ou não, repercutir no universo do Direito.

Assim, enquanto determinados fatos não criam "relações jurídicas" (entendidas como os vínculos estabelecidos entre as pessoas – físicas e/ou jurídicas –, tuteladas pelo Direito, que criam direitos

---

[90] Ministério da Fazenda, Secretarias de Negócios de Fazenda dos Estados e Secretarias de Finanças dos Municípios.

e deveres), outros existem que interessam ao Direito, porque criam, modificam, ou extinguem relações jurídicas, compreendendo fenômenos, naturais ou humanos, a que o Direito atribui significação e aos quais se vinculam consequências jurídicas, denominados por "fatos jurídicos".

Ao discorrer com maestria acerca da Teoria Geral do Direito Civil, Maria Helena Diniz[91] ensina-nos que:

> O fato jurídico *lato sensu* é o elemento que dá origem aos direitos subjetivos, impulsionando a criação da relação jurídica, concretizando as normas jurídicas. Realmente, do direito objetivo não surgem diretamente os direitos subjetivos; é necessária uma "força" de propulsão ou causa, que se denomina "fato jurídico".

Os fatos jurídicos, no entendimento de Silvio Rodrigues,[92] compreendem todos aqueles eventos, decorrentes da atividade humana ou oriundos de fatos naturais, que tenham capacidade de influenciar na esfera do Direito, uma vez que criam, transferem, conservam, modificam ou, ainda, extinguem as relações jurídicas.

Ademais, observamos que os fatos jurídicos podem apresentar-se como (i) "naturais", os quais, apesar de não dependerem da atuação humana, acarretam repercussões no âmbito jurídico, tais como o nascimento e a morte; e como (ii) "humanos", aqueles que decorrem expressamente da vontade humana, como, por exemplo, a celebração dos instrumentos particulares, o divórcio, dentre outros.

O "ato jurídico", então, apresenta-se como todo o fato jurídico humano, decorrente da ação ou da omissão do homem, voluntária ou involuntária, de forma que cria, modifica ou extingue relações jurídicas. O ato jurídico consiste, fundamentalmente, em ato da vontade humana, cuja finalidade imediata é alcançar determinado efeito jurídico.

Dessa forma, considerando que o ato jurídico se configura no evento diretamente decorrente da manifestação unilateral de vontade ou de uma declaração humana, da qual resultam consequências jurídicas, entendemos ser possível afirmar, preliminarmente, que o "ato administrativo" se apresenta como espécie do gênero "ato jurídico", embora apresente atributos distintos dos atos do Direito privado e encontre-se submetido ao regime de Direito público.

---

[91] DINIZ, Maria Helena. *Curso de Direito Civil Brasileiro. Teoria Geral do Direito Civil*. 1º vol. 20ª ed. São Paulo: Saraiva, 2003, p. 321.

[92] RODRIGUES, Silvio. *Direito Civil. Parte Geral*. 1º vol. 25ª ed. São Paulo: Saraiva, 1995, p. 159/160.

No intuito de obter o preciso significado do ato administrativo, Hely Lopes Meirelles[93] ensina-nos que o "ato administrativo é toda manifestação unilateral de vontade da Administração Pública que, agindo nessa qualidade, tenha por fim imediato adquirir; resguardar; transferir; modificar; extinguir e declarar direitos, ou impor obrigações aos administrados ou a si própria".

Por sua vez, Régis Fernandes de Oliveira,[94] em estudo clássico e específico acerca do tema sob exame, define ato administrativo como sendo a "declaração unilateral do Estado, ou de quem faça suas vezes, no exercício da função administrativa, que produza efeitos jurídicos individuais e imediatos".

Finalmente, ainda acerca do conceito do ato administrativo, mostra-se de extrema relevância o magistério de Celso Antônio Bandeira de Mello,[95] no seguinte sentido:

> (...) é possível conceituar ato administrativo como: declaração do Estado (ou de quem lhe faça as vezes – como, por exemplo, um concessionário de serviço público), no exercício de prerrogativas públicas, manifestada mediante providências jurídicas complementares da lei a título de lhe dar cumprimento, e sujeitas a controle de legitimidade por órgão jurisdicional.

Em face dos respeitáveis ensinamentos doutrinários apresentados, quer nos parecer não haver discordância acerca do conceito do ato administrativo, de forma que nos arriscaremos a conceituá-lo como a manifestação ou a declaração unilateral de vontade, do Estado ou de quem lhe faça as vezes, no exercício da função administrativa, dentro dos limites legais de suas atribuições, que tenha por finalidade pública imediata a produção de efeitos jurídicos, devidamente sujeito ao controle de legalidade por órgão jurisdicional competente.

3.1.2. Requisitos ou elementos

A estrutura do ato administrativo é composta da conjugação de cinco requisitos essenciais de validade,[96] e a ausência de um, ou

---

[93] MEIRELLES, Hely Lopes. *Direito Administrativo Brasileiro*. 35ª ed. Atualizada por AZEVEDO, Eurico de Andrade; ALEIXO, Délcio Balestero; BURLE FILHO, José Manuel. São Paulo: Malheiros, 2009, p. 152/153.

[94] OLIVEIRA, Régis Fernandes de. *Ato Administrativo*. 2ª ed. São Paulo: RT, 1980, p. 44.

[95] MELLO, Celso Antônio Bandeira de. *Curso de Direito Administrativo*. 26ª ed. São Paulo: Malheiros, 2009, p. 380.

[96] Ressaltamos não haver concordância doutrinária a respeito da quantidade e da terminologia adotada aos requisitos e elementos do ato administrativo. No entanto, entendemos que

mais, desses elementos, poderá resultar sua consequente nulidade ou anulabilidade.

Apresentam-se, então, como requisitos do ato administrativo: (i) o sujeito ou competência; (ii) a finalidade; (iii) a forma; (iv) o motivo; e (v) o objeto, sobre os quais passaremos a discorrer, nos limites de interesse ao estudo vertente, sem a pretensão de esgotar a temática sob exame.

3.1.2.1. Sujeito ou competência

No ordenamento jurídico pátrio, a União, os Estados, o Distrito Federal e os Municípios são as pessoas políticas, dotadas de personalidade jurídica, titulares de direitos e obrigações e que detêm capacidade para a prática dos atos administrativos.

Por sua vez, a competência atribuída aos mencionados entes políticos pela Constituição Federal de 1988, por intermédio de dispositivos infraconstitucionais, é segregada aos demais órgãos da Administração Pública (Ministérios, Secretarias, dentre outros) e, subsequentemente, distribuída aos respectivos servidores públicos (pessoas físicas).

A competência consiste, pois, no conjunto de atribuições das pessoas políticas (União, Estados, Distrito Federal e Municípios), respectivos órgãos públicos e seus agentes administrativos, devidamente estabelecida no ordenamento jurídico, em conformidade com a Carta Política de 1988.

Ressaltamos que a competência é atribuída aos entes políticos no plano constitucional – Constituição Federal de 1988 – e, com relação a sua subsequente distribuição aos órgãos da Administração Pública e respectivos servidores administrativos, no plano legal e normativo.

O exercício da competência, nas precisas lições de Maria Sylvia Zanella Di Pietro,[97] encontra-se submetido às seguintes regras, a saber: (i) sempre decorrerá da lei, não sendo facultado ao órgão administrativo estabelecer suas atribuições; (ii) caracteriza-se como inderrogável, tendo em vista que se encontra atribuída em virtude do interesse da Administração Pública; e (iii) poderá ser objeto de

---

aludida circunstância não interfere no presente estudo, uma vez que as considerações abordadas se apresentam de forma meramente descritiva.

[97] DI PIETRO, Maria Sylvia Zanella. *Direito Administrativo*. 12ª ed. São Paulo: Atlas, 2000, p. 189.

delegação ou de avocação, desde que não se trate de competência conferida a determinado órgão ou agente, com exclusividade, pela lei.

Uma vez que a competência representa condição essencial de validade do ato administrativo, revela-se obrigatório que esse seja praticado por agente que, efetivamente, disponha de referido poder à sua realização, visto que o ato administrativo emanado de agente administrativo incompetente ou, ainda, que desrespeite os limites normativos de suas atribuições (configurando hipótese de "incompetência"), poderá ser anulado por órgão jurisdicional, porque, consequentemente, não revelará o real interesse da Administração Pública, pois estará ausente a atribuição jurídica para manifestar a vontade da Administração Pública.

3.1.2.2. Forma

A forma, na qualidade de requisito do ato administrativo, consiste no revestimento que acaba por exteriorizar o ato expedido pela Administração Pública, o modo como esse aparece e demonstra sua essência, compreendendo elemento imprescindível e vinculado à sua validade.

Adicionalmente à possibilidade de conhecimento de sua essência, mencionado requisito justifica-se, de forma relevante, em razão da necessidade do confronto entre o ato administrativo e a lei, no intuito da verificação de sua respectiva validade, tanto pela Administração Pública quanto pelo Poder Judiciário.

Embora não seja obrigatória a adoção de forma específica, é cediço que, na maioria das hipóteses, a forma escrita aparece no ordenamento jurídico como sendo aquela exigida pela lei. No entanto, mister se faz ressaltar a advertência apontada por Celso Antônio Bandeira de Mello,[98] no sentido de que "não pode haver ato sem forma, porquanto o Direito não se ocupa de pensamentos ou intenções enquanto não traduzidos exteriormente. Ora, como a forma é o meio de exteriorização do ato, sem forma não pode haver ato".

No que concerne à revogação ou à modificação do ato administrativo, Hely Lopes Meirelles[99] observa que, nessas situações,

---

[98] MELLO, Celso Antônio Bandeira de. *Curso de Direito Administrativo*. 26ª ed. São Paulo: Malheiros, 2009, p. 389.
[99] MEIRELLES, Hely Lopes. *Direito Administrativo Brasileiro*. 35ª ed. Atualizada por AZEVEDO, Eurico de Andrade; ALEIXO, Délcio Balestero; BURLE FILHO, José Manuel. São Paulo: Malheiros, 2009, p. 155/156.

"deve obedecer à mesma forma do ato originário, uma vez que o elemento formal é vinculado tanto para sua formação quanto para seu desfazimento ou alteração".

Nesse contexto, revela-se curiosa circunstância contida nos dispositivos da Lei nº 9.784, de 29 de janeiro de 1999, que regula o processo administrativo no âmbito da Administração Pública Federal. Isso porque, embora o artigo 22, § 1º, do referido diploma legal, determine que "os atos do processo devem ser produzidos por escrito", o *caput* desse mesmo artigo dispõe que "os atos do processo administrativo não dependem de forma determinada senão quando a lei expressamente exigir". Dessa maneira, parece-nos haver aparente contradição nos referidos comandos normativos, uma vez que referido diploma legal não estabelece de maneira precisa qual a forma específica a ser observada.

Em face das considerações apontadas, podemos concluir que a inobservância da forma prevista em lei para a expedição do ato administrativo poderia configurá-lo como sendo ato inválido, comprometendo a produção dos seus respectivos efeitos jurídicos.

3.1.2.3. Objeto

Em conformidade com os nossos apontamentos anteriores, atestamos que o ato administrativo tem por finalidade criar, modificar, extinguir ou comprovar situações jurídicas relativas a determinadas pessoas, bens ou atividades, sujeitas às ações da Administração Pública.

O objeto do ato administrativo, por sua vez, guarda relação de pertinência à essência de seu conteúdo, por intermédio do qual a Administração Pública manifesta seu interesse ou, ainda, simplesmente acaba por atestar situações preexistentes.

Ao examinar detidamente a questão vertente, Maria Sylvia Zanella Di Pietro[100] pontifica que:

> O objeto ou conteúdo é o efeito jurídico imediato que o ato produz. Sendo o ato administrativo espécie do gênero ato jurídico, ele só existe quando produz efeito jurídico, ou seja, quando, em decorrência dele, nasce, extingue-se, transforma-se um determinado direito. Esse efeito jurídico é o objeto ou conteúdo do ato. Para identificar-se esse elemento, basta verificar o que o ato enuncia, prescreve, dispõe.

---

[100] DI PIETRO, Maria Sylvia Zanella. *Direito Administrativo*. 12ª ed. São Paulo: Atlas, 2000, p. 191.

Dessa forma, o objeto compreende elemento do ato administrativo, que se identifica com seu próprio conteúdo, por meio do qual a Administração Pública explicita seu interesse ou atesta relações jurídicas preexistentes.

3.1.2.4. Motivo

O motivo compreende as situações, de direito e de fato, que determinam ou que autorizam a realização do ato administrativo. Em outras palavras, representa os pressupostos fáticos e jurídicos que ensejam a prática de determinado ato administrativo.

A esse respeito, qualquer acontecimento do mundo empírico poderá ser trazido para o Direito, sendo conclusivas as palavras de Régis Fernandes de Oliveira,[101] no sentido de que "a hipótese da norma prevê determinada situação fática, em nível e em caráter abstrato e genérico, devendo a ocorrência, no entanto, ser sempre possível. Quando o direito positivo as recolhe e as qualifica, passam a ter vida no mundo do Direito".

Ao discorrer acerca do mencionado pressuposto de validade do ato administrativo, Celso Antônio Bandeira de Mello[102] apresenta a seguinte observação:

> O motivo pode ser previsto em lei ou não. Quando previsto em lei, o agente só pode praticar o ato se houver ocorrido a situação prevista. Quando não há previsão legal, o agente tem liberdade de escolha da situação (motivo) em vista da qual editará o ato. É que, mesmo se a lei não alude expressamente aos motivos propiciatórios ou exigentes de um ato, nem por isto haverá liberdade para expedi-lo sem motivo ou perante um motivo qualquer. Só serão de aceitar os que possam ser havidos como implicitamente admitidos pela lei à vista daquele caso concreto, por corresponderem a supostos fáticos idôneos para demandar ou comportar a prática daquele específico ato, espelhando, dessarte, sintonia com a finalidade legal. Vale dizer: prestantes serão os motivos que revelem pertinência lógica, adequação racional ao conteúdo do ato, ao lume do interesse prestigiado na lei aplicanda.

Finalmente, identificamos reiteradas manifestações doutrinárias no sentido de que o "motivo" do ato administrativo não deve ser confundido com a "motivação" do ato administrativo, uma vez que a motivação significa, em síntese, a exposição dos motivos pelos quais determinado ato administrativo fora praticado, ou seja, a

---

[101] OLIVEIRA, Régis Fernandes de. *Ato Administrativo*. 2ª ed. São Paulo: RT, 1980, p. 57.
[102] MELLO, Celso Antônio Bandeira de. *Curso de Direito Administrativo*. 26ª ed. São Paulo: Malheiros, 2009, p. 391/392.

exteriorização dos motivos que levaram à prática do ato pela Administração Pública.

3.1.2.5. Finalidade

A finalidade do ato administrativo refere-se ao interesse público almejado pela Administração Pública, a denominada "vontade normativa", indicada explícita ou implicitamente pela lei, vinculando integralmente o administrador público ao interesse legislativo.

Ao considerar que a "finalidade" consiste no efeito jurídico "mediato", na condição do resultado esperado pela Administração Pública em virtude da prática do ato administrativo, e que o "objeto" representa o efeito jurídico "imediato" que o ato administrativo produz – aquisição, transformação ou extinção de direitos –, Maria Sylvia Zanella Di Pietro[103] acrescenta as seguintes considerações:

> Distingue-se do motivo, porque este antecede a prática do ato, correspondendo aos fatos, às circunstâncias, que levam a Administração a praticar o ato. Já a finalidade sucede à prática do ato, porque corresponde a algo que a Administração quer alcançar com a sua edição.
>
> Tanto motivo quanto finalidade contribuem para a formação da vontade da Administração: diante de certa situação de fato ou de direito (motivo) a autoridade pratica certo ato (objeto) para alcançar determinado resultado (finalidade).

A finalidade do ato administrativo apresenta, então, em sua essência, o interesse público propriamente dito, assim entendido como a vontade normativa que a Administração Pública procura tutelar, podendo apresentar-se de forma explícita ou implícita, sendo certo que a inobservância ao elemento em referência poderá implicar vício intitulado por "desvio de finalidade".

3.1.3. Atributos

Enquanto os requisitos dos atos administrativos (sujeito ou competência, finalidade, forma, motivo e objeto) encerram os elementos essenciais de validade dos atos administrativos, os "atributos" consistem nas suas respectivas características, ou melhor, nas qualidades dos atos expedidos pela Administração Pública.

Ainda que não exista consenso acerca do tema no âmbito doutrinário, os atributos dos atos administrativos são, em síntese: (i) a

---

[103] DI PIETRO, Maria Sylvia Zanella. *Direito Administrativo*. 12ª ed. São Paulo: Atlas, 2000, p. 194.

presunção de legitimidade; (ii) a imperatividade; e (iii) a autoexecutoriedade.

3.1.3.1. Presunção de legitimidade

A presunção de legitimidade do ato administrativo resulta da necessidade da Administração Pública em exercer com presteza, agilidade e eficiência as suas atribuições, na tutela do interesse público.

Nesse sentido, o ato administrativo obriga os administrados por ele atingidos, produzindo os decorrentes efeitos, desde o momento de sua edição, ainda que sejam futuramente apontados eventuais vícios em sua formação, que possam ter o condão de acarretar sua respectiva invalidação.

Jose Juan Ferreiro Lapatza[104] pontifica que:

> El ordenamiento jurídico dota a los actos administrativos tributários, como todos los actos administrativos, de una presunción de legalidad. Los actos administrativos tributarios se presumen legítimos, y en virtud de esta presunción son inmediatamente ejecutables.

Mostra-se, assim, plenamente possível a imediata produção de efeitos jurídicos do ato administrativo expedido pela Administração Pública, ainda que, aparentemente, eivado de vício. Isso porque, enquanto não for declarada sua eventual nulidade ou anulabilidade ou, ainda, temporariamente sustados seus respectivos efeitos, o ato administrativo deve ser integralmente cumprido, como se fosse plenamente válido.

Considerando que o requisito da presunção de legitimidade decorre do princípio da legalidade da Administração Pública, nos termos do artigo 37 da Constituição Federal de 1988, revela-se a operatividade imediata do ato administrativo.

De forma exemplificativa, o lançamento de ofício, o relatório de apuração de inidoneidade de pessoa jurídica contribuinte do imposto, as informações prestadas por autoridade fazendária de distinto ente tributante em virtude de convênio celebrado entre as unidades da Federação gozam de presunção de legitimidade.

A presunção de legitimidade, entretanto, não impede que o administrado possa provocar a sustação dos efeitos do ato admi-

---

[104] LAPATZA, Jose Juan Ferreiro. *Curso de Derecho Financiero Español*. 12ª ed. Madri: Marcial Pons, 1990, p. 695.

nistrativo viciado, uma vez que aludida presunção de legitimidade não se caracteriza como "absoluta", mas, sim, como "relativa", admitindo prova em contrário, transferindo o ônus da prova para quem invocar a suposta ilegitimidade do ato administrativo.

Acerca desse atributo do ato administrativo, Hely Lopes Meirelles[105] assevera que:

> Outra conseqüência da presunção de legitimidade e veracidade é a transferência de ônus da prova de invalidade do ato administrativo para quem a invoca. Cuide-se de argüição de nulidade do ato, por vício formal ou ideológico ou de motivo, a prova do defeito apontado ficará sempre a cargo do impugnante, e até sua anulação o ato terá plena eficácia.

Portanto, a presunção de legitimidade compreende a circunstância de que os atos administrativos são legítimos e regulares, estando em plena conformidade com as demais normas jurídicas que regulam as atividades desenvolvidas pela Administração Pública, até que ocorra eventual comprovação em sentido contrário.

3.1.3.2. Imperatividade

O atributo da imperatividade configura a possibilidade que tem a Administração Pública de, unilateralmente, criar obrigações e impor restrições aos administrados, por meio da qual o ato administrativo se impõe a terceiros, independentemente de sua concordância.

Nesse sentido, são precisas as lições de Maria Sylvia Zanella Di Pietro,[106] a saber:

> Decorre da prerrogativa que tem o poder público de, por meio de atos unilaterais, impor obrigações a terceiros; é o que Renato Alessi chama de "poder extroverso", "que permite ao poder público editar atos que vão além da esfera jurídica do sujeito emitente, ou seja, que interferem na esfera jurídica de outras pessoas, constituindo-as, unilateralmente, em obrigações" (apud MELLO, Celso Antonio Bandeira de, 1995, p. 237).

A imperatividade não se apresenta como um atributo inerente a todos os atos administrativos, mas tão somente àqueles que implicam obrigação ao administrado ou que a ele é imposta e que por ele deve ser obedecida, sem que haja a necessidade de sua anuên-

---

[105] MEIRELLES, Hely Lopes. Direito Administrativo Brasileiro. 35ª ed. Atualizada por AZEVEDO, Eurico de Andrade; ALEIXO, Délcio Balestero; BURLE FILHO, José Manuel. São Paulo: Malheiros, 2009, p. 161.

[106] DI PIETRO, Maria Sylvia Zanella. Direito Administrativo. 12ª ed. São Paulo: Atlas, 2000, p. 184/185.

cia. Exemplificativamente, apresentam-se os atos normativos (Decretos, Portarias, Instruções, Comunicados etc.), os atos punitivos (imposição de penalidades administrativas), dentre outros.

Por seu turno, os atos administrativos de interesse do administrado, como, por exemplo, a obtenção de certidões, não apresentam a imperatividade como um de seus atributos, porque não criam obrigações para ele, da mesma forma que não lhe são impostos pela Administração Pública.

3.1.3.3. Autoexecutoriedade

No que concerne ao aludido atributo do ato administrativo, Hely Lopes Meirelles[107] pontifica que "a autoexecutoriedade consiste na possibilidade que certos atos administrativos ensejam de imediata e direta execução pela própria Administração, independentemente de ordem judicial".

O atributo da autoexecutoriedade é a admissão da execução das decisões administrativas, sem que ocorra a intervenção do Poder Judiciário, de forma que o ato administrativo se equipare à espécie de "determinação judicial", mesmo que possa ser objeto de posterior apreciação, por órgão jurisdicional competente.

Os atos administrativos autoexecutórios são aqueles que podem ser diretamente implementados pela Administração Pública, sem que se revele necessária a obtenção de autorização prévia do Poder Judiciário.

No entanto, a autoexecutoriedade não afasta a apreciação do ato administrativo pelo Poder Judiciário, mas somente dispensa a Administração Pública da obtenção de prévia autorização judicial para a sua prática.

Maria Sylvia Zanella Di Pietro[108] adverte, porém, que a autoexecutoriedade somente se apresenta como atributo do ato administrativo, nas seguintes hipóteses, a saber:

1. quando expressamente prevista em lei. Em matéria de contrato, por exemplo, a Administração Pública dispõe de várias medidas auto-executórias, como a retenção da caução, a utilização dos equipamentos e instalações do contratado para dar

---

[107] MEIRELLES, Hely Lopes. *Direito Administrativo Brasileiro*. 35ª ed. Atualizada por AZEVEDO, Eurico de Andrade; ALEIXO, Délcio Balestero; BURLE FILHO, José Manuel. São Paulo: Malheiros, 2009, p. 164.
[108] DI PIETRO, Maria Sylvia Zanella. *Direito Administrativo*. 12ª ed. São Paulo: Atlas, 2000, p. 185.

continuidade à execução do contrato, a encampação etc.; também em matéria de polícia administrativa, a lei prevê medidas auto-executórias, como a apreensão de mercadorias, o fechamento de casas noturnas, a cassação de licença para dirigir;

2. quando se trata de medida urgente que, caso não adotada de imediato, possa ocasionar prejuízo maior para o interesse público; isso acontece também no âmbito da polícia administrativa, podendo-se citar, como exemplo, a demolição de prédio que ameaça ruir, o internamento de pessoa com doença contagiosa, a dissolução de reunião que ponha em risco a segurança de pessoas e coisas.

3.1.4. Formas de invalidação

A invalidação do ato administrativo que se revele inconveniente, ilegítimo ou inoportuno ao sistema jurídico diz respeito à questão de relevância tanto para a Administração Pública quanto para o Poder Judiciário, uma vez que competirá a ambos, nas palavras de Hely Lopes Meirelles,[109] "desfazer os que se revelarem inadequados aos fins visados pelo interesse público ou em descompasso às normas legais que os regem".

Nas palavras de Agustin Gordillo,[110] "não se pode nunca limitar à revisão judicial dos atos administrativos, com base numa suposta atividade jurisdicional exercida previamente, pela Administração".

Observamos que o ato expedido pela Administração Pública permanecerá em vigor, produzindo seus respectivos efeitos jurídicos, em virtude de sua presunção de legitimidade, até o momento em que ocorra, em síntese, alguma das seguintes hipóteses: (i) advenha a desnecessidade de sua existência, como, por exemplo, no caso em que tenha ocorrido o efetivo cumprimento de sua finalidade; (ii) caso seja reconhecida a sua ilegitimidade por órgão jurisdicional competente; ou (iii) na situação em que sejam declarados vícios em sua formação. A partir de então, estaremos diante das figuras da revogação, da anulação e da cassação do ato administrativo.

Parece-nos que as formas de invalidação do ato administrativo encontram-se intrinsecamente relacionadas à possibilidade de aplicação da "Teoria das Nulidades" do Direito Civil, matéria que será objeto de nosso minucioso exame em capítulo específico, razão

---

[109] MEIRELLES, Hely Lopes. *Direito Administrativo Brasileiro*. 35ª ed. Atualizada por AZEVEDO, Eurico de Andrade; ALEIXO, Délcio Balestero; BURLE FILHO, José Manuel. São Paulo: Malheiros, 2009, p. 201.

[110] GORDILLO, Agustin. *Princípios Gerais de Direito Público*. Tradução de Marco Aurélio Greco. São Paulo: RT, 1977, p. 147.

pela qual, ao menos neste momento, deixaremos de abordá-las em virtude da metodologia científica adotada e da estrutura de apresentação do presente trabalho.

3.2. Lançamento

3.2.1. Conceito

A titularidade da competência tributária é outorgada às pessoas políticas de Direito público (União, Estados, Distrito Federal e Municípios), em conformidade com as diretrizes estabelecidas no Texto Constitucional de 1988. É inquestionável que a Constituição Federal de 1988, ao atribuir competências aos entes políticos, definiu e discriminou o âmbito dentro do qual reside a competência tributária conferida a cada um deles.

A competência tributária consiste, sinteticamente, na aptidão conferida constitucionalmente, na qual as pessoas políticas possam criar seus tributos, os quais possuem fundamental importância no exercício da atividade financeira do Estado (receitas públicas). Em outras palavras, a competência tributária compreende a aptidão jurídica para a criação de tributos, mediante a descrição das respectivas regras-matrizes de incidência tributária.

A instituição e a criação de quaisquer espécies tributárias somente poderão ser exercidas pela pessoa política eleita pelo Texto Constitucional de 1988 (União, Estados, Distrito Federal e Municípios), de modo que estejam asseguradas as respectivas receitas públicas, respeitando, evidentemente, as limitações constitucionais ao poder de tributar, intituladas por imunidades tributárias.

O saudoso mestre Cléber Giardino[111] asseverou, nesse sentido, que "(...) o sistema rígido e exaustivo da partilha constitucional de competências tributárias implica, logicamente, a introdução de competências distintas, cada qual outorgada, com exclusividade, a uma pessoa constitucional expressamente indicada".

Logo, a Constituição Federal de 1988 disciplinou de forma rigorosa o exercício das competências tributárias, retirando a faculdade do legislador ordinário definir, ao seu critério, o alcance das normas jurídicas que criam as espécies tributárias.

---

[111] GIARDINO, Cléber. "Conflitos entre Imposto sobre Produtos Industrializados e Imposto sobre Operações Relativas à Circulação de Mercadorias". *Revista de Direito Tributário* nº 13/4. Ano 4. São Paulo: RT, julho/dezembro de 1980, p. 137/144.

O Texto Constitucional de 1988, especificamente em seu Título VI, "Da Tributação e do Orçamento", confere à União (artigos 153 a 154), aos Estados e Distrito Federal (artigo 155), e aos Municípios (artigo 156) as competências tributárias para instituírem os respectivos impostos de sua titularidade.

Mas o próprio Texto Constitucional de 1988, ao estabelecer limitações ao poder de tributar, disciplina a figura da imunidade tributária, que representa a exclusão da competência da União, dos Estados, do Distrito Federal e dos Municípios, de instituir impostos relativos a determinados atos, fatos e pessoas, previstos na Carta Política de 1988.

Em outras palavras, a imunidade tributária consiste em verdadeira limitação constitucional ao poder estatal de tributar, resultando na vedação ao poder público de instituir impostos por meio da delimitação do campo de incidência tributária aos entes políticos.

A finalidade do legislador constitucional, ao estabelecer a imunidade, foi a de preservar valores tidos como de superior interesse nacional, dentre os quais se encontram as entidades educacionais e assistenciais sem fins lucrativos, o livre acesso às informações, a cultura e o exercício das atividades religiosas, dentre outros.[112]

Dessa forma, o legislador infraconstitucional se encontra impossibilitado de instituir tributos nas mencionadas situações, devendo, obrigatoriamente, obedecer a referido preceito constitucional, sob pena de sua decretação, no âmbito do Poder Judiciário, de vício de inconstitucionalidade.

O artigo 146, inciso III, alínea "b", do Texto Constitucional de 1988, define que cabe à lei complementar estabelecer normas gerais em matéria de legislação tributária, especialmente sobre obrigação, crédito, prescrição, decadência e lançamento.

Nesse contexto, insere-se a figura do crédito tributário,[113] a qual compreende o direito que detém a Administração Pública (Federal,

---

[112] A Constituição Federal de 1988 estabelece que: "Art. 150. Sem prejuízo de outras garantias asseguradas ao contribuinte, é vedado à União, aos Estados, ao Distrito Federal e aos Municípios: (...) VI – instituir impostos sobre: (...) b) templos de qualquer culto; c) patrimônio, renda ou serviços, dos partidos políticos, inclusive suas fundações, das entidades sindicais dos trabalhadores, das instituições de educação e de assistência social, sem fins lucrativos, atendidos os requisitos da lei; d) livros, jornais e periódicos e o papel destinado a sua impressão. (...) § 4º As vedações expressas no inciso VI, alíneas 'b' e 'c', compreendem somente o patrimônio, a renda e os serviços, relacionados com as finalidades essenciais das entidades nelas mencionadas".

[113] O Código Tributário Nacional, aprovado pela Lei nº 5.172, de 25 de outubro de 1966, dispõe: "Art. 139. O crédito tributário decorre da obrigação principal e tem a mesma natureza desta".

Estadual, Distrital e Municipal) de receber recursos financeiros (receitas públicas) dos administrados (pessoas físicas e jurídicas), em virtude de fato jurídico tributário (real e efetiva ocorrência dos elementos relativos à exação tributária, devidamente previstos na norma jurídica de tributação).

Melhor dizendo, em face da tipificação legal e da efetiva ocorrência do fato jurídico (hipótese e consequência), o ente tributante competente (sujeito ativo da obrigação tributária) terá direito ao recebimento da prestação pecuniária do contribuinte e/ou responsável (sujeito passivo – direto e/ou indireto – da obrigação tributária).

Ressaltamos que, em respeito aos princípios da legalidade e da tipicidade, a norma jurídica de tributação deve, obrigatoriamente, abranger todos os aspectos inerentes à espécie tributária, tendo em vista que a exação fiscal apenas se tornará passível de exigência pelo sujeito ativo competente, quando tenham sido verificados, indubitavelmente, todos os indispensáveis requisitos legais e normativos.

É imperioso apontar que a autoridade administrativa somente poderá promover o lançamento na hipótese em que a legislação (vigente, válida e eficaz) contenha (de maneira clara, precisa e pormenorizada) todos os elementos atinentes à regra-matriz de incidência tributária: aspecto pessoal (sujeitos ativo e passivo), aspecto material, aspecto quantitativo (base de cálculo e alíquota), aspecto temporal e aspecto espacial.

José Souto Maior Borges,[114] em obra clássica acerca do tema, observa que:

> Para a aplicação do Direito impõe-se estabelecer se concretamente ocorre um determinado fato – o fato jurídico tributário. Nisso consiste, em parte, a função concretizadora da norma individual posta pelo ato administrativo de lançamento. À verificação da ocorrência do fato jurídico tributário (CTN, art. 142, *caput*). O lançamento, enquanto ato administrativo individual, é, inclusive no procedimento de sua criação, abstratamente determinado pelas normas tributárias de caráter geral (leis complementares, leis ordinárias, regulamentos etc.). Consequentemente, a produção do lançamento implica a individualização ou concretização das normas gerais a aplicar.

Por sua vez, o Código Tributário Nacional, aprovado pela Lei nº 5.172, de 25 de outubro de 1966, recepcionado pela nova ordem constitucional com *status* de lei complementar, ao disciplinar a fi-

---

[114] BORGES, José Souto Maior. *Lançamento Tributário*. 2ª ed. São Paulo: Malheiros, 1999, p. 82.

gura do lançamento, especificamente em seu artigo 142, estabelece que, *verbis:*

> Art. 142. Compete privativamente à autoridade administrativa constituir o crédito tributário pelo lançamento, assim entendido o procedimento administrativo tendente a verificar a ocorrência do fato gerador da obrigação correspondente, determinar a matéria tributável, calcular o montante do tributo devido, identificar o sujeito passivo e, sendo caso, propor a aplicação da penalidade cabível.
>
> Parágrafo único. A atividade administrativa de lançamento é vinculada e obrigatória, sob pena de responsablidade funcional.

O lançamento promovido pela autoridade administrativa competente, tendente a exigir o adimplemento de obrigação tributária (principal e/ou acessória) pelo contribuinte de determinada espécie tributária, formaliza-se por intermédio de ato administrativo intitulado *Auto de Infração, Auto de Infração e Imposição de Multa, Notificação de Lançamento,* dentre outros, decorrente de procedimento de fiscalização.

A esse respeito, Estevão Horvath,[115] em clássico estudo acerca do tema, observa que:

> O lançamento é o ato jurídico administrativo, da categoria dos simples, modificativos ou extintivos e vinculados, mediante o qual se declara o acontecimento do fato jurídico tributário, se identifica o sujeito passivo da obrigação correspondente, se determina a base de cálculo e a alíquota aplicável, formalizando o crédito e estipulando os termos da sua exigibilidade.

Eurico Marcos Diniz de Santi[116] apresenta a seguinte definição de lançamento, a saber:

> Lançamento tributário é o ato-norma administrativo que apresenta estrutura hipotético-condicional. Este associa à ocorrência do fato jurídico tributário (hipótese) uma relação jurídica intranormativa (consequência) que tem por termos o sujeito ativo e o sujeito passivo, e por objeto a obrigação deste em prestar a conduta de pagar quantia determinada pelo produto matemático da base de cálculo pela alíquota.

Quando o crédito tributário é exigido pela Administração Pública por meio de lançamento, e respectiva lavratura de peça punitiva (Auto de Infração, Auto de Infração e Imposição de Multa, Notificação de Lançamento etc.), apresenta-se possibilidade de que seja percorrido o processo administrativo tributário (federal, estadual, distrital e municipal), por intermédio da apresentação de De-

---

[115] HORVATH, Estevão. *Lançamento Tributário e "Autolançamento".* São Paulo: Dialética, 1997, p. 161.

[116] SANTI, Eurico Marcos Diniz de. *Lançamento Tributário.* São Paulo: Max Limonad, 1996, p. 135.

fesa ou Impugnação, como forma de apuração e controle de sua legalidade.

São oportunas as lições de Luciano Amaro,[117] no sentido de que:

> (...) a prática do lançamento é necessária para que o sujeito ativo possa exercitar atos de cobrança do tributo, primeiro administrativamente e depois (se frustrada a cobrança administrativa) por meio de ação judicial, precedida esta de outra providência formal, que é a inscrição do tributo como dívida ativa.

Acerca da definição legal de lançamento, conferida pelo artigo 142 do Código Tributário Nacional, aprovado pela Lei n° 5.172, de 25 de outubro de 1966, embora revele ambiguidade em sua literalidade, podemos observar que não se trata de "procedimento", mas sim de "ato" administrativo de lançamento, pois decorre de ato jurídico expedido por agente competente da Administração Pública, na forma prescrita em lei, com motivação e finalidade, podendo (ou não) ser prescindido de procedimento preparatório de fiscalização.

Observamos estudo elaborado por Márcia Soares de Melo,[118] em que, ao abordar se a figura do lançamento se enquadraria como "ato" ou "procedimento", discorre com extremo rigor acerca dos entendimentos jurídicos defendidos por ambas correntes doutrinárias.

Finalmente, no que concerne à natureza jurídica do lançamento, se declaratória ou constitutiva, ainda que entendamos não implicar relevantes consequências ao presente trabalho, em que pesem respeitáveis juízos doutrinários em sentido contrário, filiamo-nos à corrente que defende sua natureza declaratória, na medida em que não cria a obrigação tributária, apenas representando ato declaratório que confere liquidez ao crédito tributário.[119]

Comungamos, a propósito, do entendimento de Roque Antonio Carrazza,[120] no sentido de que "com o lançamento tributário: ao enfatizarmos sua natureza declaratória não estamos querendo

---

[117] AMARO, Luciano. *Direito Tributário Brasileiro*. 13ª ed. São Paulo: Saraiva, 2007, p. 342.

[118] MELO, Márcia Soares de. "O Lançamento Tributário e a Decadência". In: MACHADO, Hugo de Brito (coord.). *Lançamento Tributário e Decadência*. São Paulo e Ceará: Dialética e Icet, p. 379/382.

[119] Ao dedicar capítulo específico à eficácia e natureza jurídica do lançamento, Estevão Horvath discorre acerca das Teorias Constitutivista e Declarativista, por meio da menção aos doutrinadores de ambas as correntes (HORVATH, Estevão. *Lançamento Tributário e "Autolançamento"*. São Paulo: Dialética, 1997, p. 53/58).

[120] CARRAZZA, Roque Antonio. *Curso de Direito Constitucional Tributário*. 24ª ed. São Paulo: Malheiros, 2008, p. 931.

significar que ele não produz nenhum efeito no mundo do Direito, mas, ao reverso, que ele não determina o nascimento do tributo".

3.2.2. Modalidades

Os artigos 147 a 150 do Código Tributário Nacional, aprovado pela Lei nº 5.172, de 25 de outubro de 1966, preveem três modalidades distintas de lançamento, quais sejam: (i) lançamento por declaração; (ii) lançamento de ofício; e (iii) lançamento por homologação.

3.2.2.1. Lançamento por declaração

O denominado lançamento por declaração, previsto no artigo 147 do referido diploma legal, estabelece que, *verbis:*

> Art. 147. O lançamento é efetuado com base na declaração do sujeito passivo ou de terceiro, quando um ou outro, na forma da legislação tributária, presta à autoridade administrativa informações sobre matéria de fato, indispensáveis à sua efetivação.
>
> § 1º A retificação da declaração por iniciativa do próprio declarante, quando vise a reduzir ou a excluir tributo, só é admissível mediante comprovação do erro em que se funde, e antes de notificado o lançamento.
>
> § 2º Os erros contidos na declaração e apuráveis pelo seu exame serão retificados de ofício pela autoridade administrativa a que competir a revisão daquela.

Conforme depreende-se do artigo acima transcrito, essa modalidade de lançamento leva em consideração uma declaração efetuada pelo próprio sujeito passivo da obrigação tributária; ou, ainda, por terceiro, a qual, na forma da legislação de regência, deverá conter os elementos fáticos inerentes aos respectivos fatos jurídicos tributários.

A declaração em referência, que constitui obrigação do contribuinte ou de terceiro, tem por finalidade demonstrar os registros fáticos (operações, estados, situações, movimentações etc.) que, em observância à legislação do tributo, sejam relevantes para a consecução do ato de lançamento por parte da autoridade administrativa competente.

Assim, somente por intermédio do fornecimento dos dados, pelo contribuinte ou por terceiro, é que a autoridade administrativa disporá dos elementos necessários e imprescindíveis, para, após sua verificação e nos termos da lei, promover a efetivação do ato de lançamento.

Quando do exame do tema em comento, Karem Jureidini Dias de Mello Peixoto[121] apontou que:

> No caso do lançamento por declaração, o contribuinte só efetua o pagamento após a verificação, por parte da autoridade administrativa tributária, das informações prestadas pelo sujeito passivo. Assim, no caso do lançamento por declaração, nada deve o sujeito passivo antes de notificado do lançamento.

Nos termos do § 1º do comando normativo sob análise, a retificação da declaração anteriormente fornecida à Administração Pública, em razão de iniciativa promovida pelo próprio declarante (contribuinte ou terceiro), nas hipóteses em que objetivem reduzir ou excluir determinado tributo, apenas será admitida caso reste efetivamente comprovado o erro em que se funde, e desde que seja efetuada anteriormente à notificação do lançamento.

Adicionalmente, os erros contidos na declaração e apuráveis em virtude do seu exame serão retificados de ofício pela autoridade administrativa competente, nos termos do § 2º do artigo 147 em comento.

A esse respeito, enquadram-se as situações em que a autoridade administrativa apure erros relativos aos cálculos, informações de valores, ausência de comprovação documental, dentre outros.

Por fim, mister se faz ressaltar que, embora o Código Tributário Nacional, aprovado pela Lei nº 5.172, de 25 de outubro de 1966, contemple a existência da modalidade do lançamento por declaração, vislumbramos, atualmente, apenas a adoção da referida modalidade nos âmbitos do Imposto sobre a Propriedade Predial e Territorial Urbana (IPTU) e do Imposto sobre a Propriedade Territorial Rural (ITR).[122]

---

[121] PEIXOTO, Karem Jureidini Dias de Mello. *Auto de Infração de Natureza Tributária – Pressupostos e Presunções*. Dissertação de Mestrado. São Paulo: Pontifícia Universidade Católica, 2001, p. 32. Inédita.

[122] A respeito da modalidade de lançamento por declaração, José Eduardo Soares de Melo observa que "(...) esta sistemática era tradicionalmente prevista na legislação do imposto de renda, em que as pessoas físicas eram compelidas a preencher um formulário contendo as variadas espécies de rendimentos, os dispêndios efetuados para a produção dos mesmos, os gastos pessoais, as declarações de bens e, também, as aplicações realizadas em investimentos, de conformidade com o regime de caixa (entradas e saídas de dinheiro). Também as pessoas jurídicas indicavam ao Fisco as mutações patrimoniais ocorridas no exercício financeiro, envolvendo os ingressos, despesas, custos, etc., devidamente contabilizados, segundo regime de competência. (...) Atualmente, a legislação do imposto de renda não mais contempla esta figura de lançamento, não sendo também prevista em normas afetas a demais tributos". (MELO, José Eduardo Soares. *Curso de Direito Tributário*. 9ª ed. São Paulo: Dialética, 2010, p. 338)

3.2.2.2. Lançamento de ofício

O lançamento é efetuado e revisto de ofício pela autoridade administrativa, conforme preceitua o artigo 149 do Código Tributário Nacional, aprovado pela Lei nº 5.172, de 25 de outubro de 1966, abaixo transcrito:

> Art. 149. O lançamento é efetuado e revisto de ofício pela autoridade administrativa nos seguintes casos:
>
> I – quando a lei assim o determine;
>
> II – quando a declaração não seja prestada, por quem de direito, no prazo e na forma da legislação tributária;
>
> III – quando a pessoa legalmente obrigada, embora tenha prestado declaração nos termos do inciso anterior, deixe de atender, no prazo e na forma da legislação tributária, a pedido de esclarecimento formulado pela autoridade administrativa, recuse-se a prestá-lo ou não o preste satisfatoriamente, a juízo daquela autoridade;
>
> IV – quando se comprove falsidade, erro ou omissão quanto a qualquer elemento definido na legislação tributária como sendo de declaração obrigatória;
>
> V – quando se comprove omissão ou inexatidão, por parte da pessoa legalmente obrigada, no exercício da atividade a que se refere o artigo seguinte;
>
> VI – quando se comprove ação ou omissão do sujeito passivo, ou de terceiro legalmente obrigado, que dê lugar à aplicação de penalidade pecuniária;
>
> VII – quando se comprove que o sujeito passivo, ou terceiro em benefício daquele, agiu com dolo, fraude ou simulação;
>
> VIII – quando deva ser apreciado fato não conhecido ou não provado por ocasião do lançamento anterior;
>
> IX – quando se comprove que, no lançamento anterior, ocorreu fraude ou falta funcional da autoridade que o efetuou, ou omissão, pela mesma autoridade, de ato ou formalidade especial.
>
> Parágrafo único. A revisão do lançamento só pode ser iniciada enquanto não extinto o direito da Fazenda Pública.

Em conformidade com os dispositivos transcritos, resta claro que aludida modalidade de lançamento compreenda duas circunstâncias distintas. Na primeira situação, compete à autoridade administrativa, privativamente, promover o lançamento de determinado tributo, como ocorre nos casos dos tributos, cujo fato jurídico tributário, aparentemente, revele-se de forma imutável, ou seja, nas hipóteses em que a Administração Pública já se encontre de posse dos elementos e informações para que possa efetuar o lançamento.

Já na segunda situação, o lançamento de ofício é efetuado em razão de motivos que tornaram insuficientes o lançamento anterior (ou mesmo ausência de lançamento), decorrente de omissões, incorreções ou negligências, isto é, pelo descumprimento de norma jurídica por parte do sujeito legalmente obrigado.

Cumpre-nos, a propósito, tecer breves considerações acerca dos motivos que justificariam o lançamento de ofício, nos termos dos incisos I a IX do artigo 149 do Código Tributário Nacional, aprovado pela Lei nº 5.172, de 25 de outubro de 1966.

O inciso I, ao utilizar-se da expressão "quando a lei assim o determine", refere-se à hipótese em que a constituição do crédito tributário compete originariamente à Administração Pública, não correspondendo ao lançamento efetuado por intermédio da lavratura de Auto de Infração e Imposição de Multa (AIIM). Exemplo clássico é o do Imposto sobre a Propriedade Predial e Territorial Urbana (IPTU), previsto no artigo 156, inciso I, da Constituição Federal de 1988, no qual o Fisco municipal dispõe de total condição ao lançamento do tributo, mediante a emissão do respectivo carnê de cobrança.

Os incisos II a IV dizem respeito às situações em que a pessoa (física ou jurídica), obrigada ao adimplemento dos mencionados deveres, em virtude de lei, (i) não prestar declaração, ou, ainda, preste-a, mas deixando de observar a forma e o prazo exigido; (ii) mesmo tendo prestado declaração, deixe de atender a posterior pedido de esclarecimento formulado pela Administração Pública e se recuse a atender a ele ou atenda de forma insatisfatória; ou (iii) seja comprovada falsidade, erro ou omissão na declaração fornecida.

Os incisos V e VI concernem às hipóteses em que se comprove (i) omissão ou inexatidão, pela pessoa obrigada por lei, no exercício da atividade; e (ii) ação ou omissão do sujeito passivo, ou de terceiro obrigado por lei, dando lugar à aplicação de penalidade pecuniária.

As situações em comento são relativas às faltas inerentes ao exercício de atividade profissional, em que, apesar de ter ocorrido o fato jurídico tributário, seja comprovada inexatidão ou omissão pelo contribuinte ou terceiros, obrigados por lei à prestação das informações à Administração Pública.

A circunstância prevista no inciso VII compreende hipótese de comprovação de que o sujeito passivo da obrigação tributária, ou terceiro, em seu benefício, tenha agido com dolo, fraude ou simulação, ou seja, decorrente de comportamento pessoal omisso quanto ao dever legal.

O inciso VIII, por seu turno, ao mencionar a expressão "quando deva ser apreciado fato não conhecido ou não provado por ocasião do lançamento anterior", trata de situação exemplificativa, em que o Fisco, após promover o lançamento, por meio da lavratura de Auto de Infração e Imposição de Multa (AIIM) de determinado contribuinte, posteriormente, tome conhecimento, perante terceiros, de elementos que acabariam por agravar o lançamento anteriormente efetuado.

O inciso IX compreende situações nas quais haja comprovação de que a autoridade fazendária, em virtude de anterior lançamento, tenha incorrido (i) em erros, omissões, imprecisões etc. de ato ou formalidade especial; ou (ii) em fraude ou falta funcional; acarretando a obrigatoriedade da retificação do lançamento efetuado.

Finalmente, o parágrafo único do artigo 149 do Código Tributário Nacional, aprovado pela Lei n° 5.172, de 25 de outubro de 1966, determina que a revisão do lançamento somente poderá ser iniciada enquanto não extinto o direito da Fazenda Pública.

Dessa forma, na hipótese de revisão de lançamento, a autoridade fazendária deverá observar se não ocorreu o instituto da decadência do direito da Fazenda Pública, nos termos dos artigos 150, § 4°, 156, inciso V, e 173, incisos I e II e parágrafo único, todos do Código Tributário Nacional, aprovado pela Lei n° 5.172, de 25 de outubro de 1966.[123]

3.2.2.3. Lançamento por homologação

O artigo 150 do Código Tributário Nacional, aprovado pela Lei n° 5.172, de 25 de outubro de 1966, estipula que "o lançamento por homologação, que ocorre quanto aos tributos cuja legislação atribua ao sujeito passivo o dever de antecipar o pagamento sem prévio exame da autoridade administrativa, opera-se pelo ato em que a referida autoridade, tomando conhecimento da atividade assim exercida pelo obrigado, expressamente a homologa".

---

[123] "Art. 150. (...) § 4° Se a lei não fixar prazo à homologação, será ele de 5 (cinco) anos, a contar da ocorrência do fato gerador; expirado esse prazo sem que a Fazenda Pública se tenha pronunciado, considera-se homologado o lançamento e definitivamente extinto o crédito, salvo se comprovada a ocorrência de dolo, fraude ou simulação. (...) Art. 156. Extinguem o crédito tributário: (...) V – (...) a decadência. (...) Art. 173. O direito de a Fazenda Pública constituir o crédito tributário extingue-se após 5 (cinco) anos, contados: I – do primeiro dia do exercício seguinte àquele em que o lançamento poderia ter sido efetuado; II – da data em que se tornar definitiva a decisão que houver anulado, por vício formal, o lançamento anteriormente efetuado. Parágrafo único. O direito a que se refere este artigo extingue-se definitivamente com o decurso do prazo nele previsto, contado da data em que tenha sido iniciada a constituição do crédito tributário pela notificação, ao sujeito passivo, de qualquer medida preparatória indispensável ao lançamento".

A modalidade de lançamento por homologação, portanto, apresenta como traço marcante a determinação legal de que o próprio sujeito passivo da obrigação tributária verifique a ocorrência do fato jurídico tributário, efetue o cálculo do montante devido e, ato subsequente, promova o respectivo recolhimento, cabendo ao ente político competente, tão somente, conferir a apuração e o recolhimento realizados pelo contribuinte.

O lançamento por homologação caracteriza-se pelo dever do contribuinte em promover o levantamento dos fatos realizados, quantificar o tributo e efetuar o recolhimento aos cofres públicos, no tempo e na forma definidos em lei, sem que ocorra exame prévio da Administração Pública.

Na hipótese de ocorrerem eventuais erros pelo sujeito passivo da obrigação tributária, apurados posteriormente pelo ente tributante competente, restará configurado o descumprimento da obrigação tributária, podendo ensejar exigência fazendária (lançamento de ofício).

Nesse sentido, são inúmeras as discusões acerca da modalidade de lançamento por homologação, especialmente em torno da necessidade de que o crédito tributário deva (ou não) ser formalmente constituído pelo servidor público, em razão da imprescindibilidade da prática do ato administrativo de lançamento, em razão de compreender atividade administrativa vinculada e obrigatória, inclusive sob pena de responsabilidade funcional.

A respeito da questão suscitada, apenas a título ilustrativo, a doutrina tem adotado posturas jurídicas distintas.

Estevão Horvath,[124] em estudo clássico acerca do denominado "autolançamento", pontifica que:

> Os tributos sujeitos ao chamado "lançamento por homologação" não necessitam, na realidade, do ato administrativo tributário para sua concretização, sendo que, quando estes atos são expedidos, representam mero acidente na vida desses tributos.
>
> (...)
>
> Contudo, a quantia apurada pelo sujeito passivo é uma mera proposta de lançamento, porquanto o único ato a este correspondente, com caráter definitivo, segundo o CTN, é aquele emanado da Administração. Esta "proposta" se confundirá com o lançamento administrativo no momento em que, após o transcurso do prazo para lançar, a Administração permanecerá inerte, e isto se equipara a um "ato de lançamento tácito" que, em rigor, confirma o lançamento efetuado pelo sujeito passivo.

---

[124] HORVATH, Estevão. *Lançamento Tributário e "Autolançamento"*. São Paulo: Dialética, 1997, p. 163/165.

Luciano Amaro,[125] por sua vez, ao discorrer acerca da modalidade do lançamento por homologação, argumenta que:

> A atividade de lançamento é obrigatória, chegando à redundância o Código quando, no art. 142, parágrafo único, atesta que o lançamento é atividade administrativa vinculada e obrigatória, sob pena de responsabilidade funcional. Ou seja, é algo que a autoridade não pode deixar de praticar (quando presentes os pressupostos legais) e em cuja consecução deve seguir o figurino legal, sem dele desviar-se por considerações de conveniência ou oportunidade.

A esse respeito, o Superior Tribunal de Justiça manifestou entendimento[126] no sentido de que o débito declarado pelo contribuinte dispensa o efetivo lançamento, conforme se depreende da leitura da Ementa seguinte, *verbis*:

> Tributário. Certidão Negativa de Débito. Declaração do Débito pelo Contribuinte. Forma de Constituição do Crédito Tributário independe de Qualquer Outra Providência do Fisco.
>
> 1. A apresentação, pelo contribuinte, de Declaração de Débitos e Créditos Tributários Federais – DCTF (instituída pela IN SRF 129/86, atualmente regulada pela IN SRF 395/04, editada com base nos arts. 5º do DL 2.124/84 e 16 da Lei 9.779/99), ou da Guia de Informação e Apuração do ICMS – GIA, ou de outra declaração dessa natureza, prevista em lei, é modo de formalizar a exigência por parte do Fisco. Precedentes da 1ª Seção: AgRg nos EREsp 638.069/SC, DJ de 13.06.2005; AgRg nos EREsp 509.950/PR, DJ de 13.06.2005.
>
> 2. No que se refere especificamente às contribuições sociais declaradas em GFIP (Guia de Recolhimento do FGTS e Informações à Previdência Social), cuja apresentação obrigatória está prevista no art. 32, IV, da Lei 8.212/91 (regulamentada pelo art. 225, IV e seus §§ 1º a 6º, do Decreto 3.048/99), a própria Lei instituidora é expressa no sentido de que a referida declaração é um dos modos de constituição do crédito da seguridade social (Lei 8.212, art. 33, § 7º, redação da Lei 9.528/97).
>
> 3. À falta de recolhimento, no devido prazo, do valor correspondente ao crédito tributário assim regularmente constituído acarreta, entre outras consequências, as de (a) autorizar a sua inscrição em dívida ativa; (b) fixar o termo *a quo* do prazo de prescrição para sua cobrança; (c) inibir a expedição de certidão negativa de débito; (d) afastar a possibilidade de denúncia espontânea.

Em face das considerações apontadas, ainda que o Código Tributário Nacional, aprovado pela Lei nº 5.172, de 25 de outubro de 1966, e a doutrina proporcionem inúmeras discussões acadêmicas e de aplicabilidade prática acerca das aludidas modalidades de lançamento, interessa ao presente estudo, especificamente, centrar-

---

[125] AMARO, Luciano. *Direito Tributário Brasileiro*. 12ª ed. São Paulo: Saraiva, 2008, p. 369.
[126] Recurso Especial nº 832.394/SP, Primeira Turma, Relator Ministro Teori Albino Zavascki, julgado em 8 de agosto de 2006, publicado no *DJU* de 31 de agosto de 2006, p. 258.

mos nossas atenções no lançamento de ofício, por intermédio da lavratura do intitulado Auto de Infração.

Isso porque, em razão do Auto de Infração, desde que oferecida Impugnação ou Defesa pelo contribuinte, é que se instaura o contraditório, iniciando o processo administrativo tributário, objeto de nossa temática central.[127]

3.2.3. Auto de infração

O artigo 142 do Código Tributário Nacional, aprovado pela Lei nº 5.172, de 25 de outubro de 1966, ao utilizar-se da expressão "propor a aplicação da penalidade cabível", provocou enorme inquietude no âmbito doutrinário, devido à incômoda circunstância de que a figura da "penalidade" não guardaria relação ao "conceito de tributo", nos termos do artigo 3º[128] do referido diploma; a aplicação de multa punitiva implicaria a necessidade de um ato administrativo específico e distinto do ato de lançamento.

Ao enfrentar aludida questão, Estevão Horvath[129] pontifica que:

> Embora englobados sob um mesmo nome – lançamento – há dois atos distintos na previsão do artigo 142 do CTN, a saber: o ato de lançamento propriamente dito e o ato de aplicação de sanção – normalmente denominado de auto de infração. Noutros termos, embora geralmente plasmados num mesmo documento, importa vislumbrar neste as duas distintas realidades jurídicas (...).

E referido autor arremata, advertindo que a "importante conclusão que extraímos disto é que um mesmo documento pode conter dois ou mais atos administrativos, sendo que cada um deles pode ser viciado, e, portanto, passível de anulação, por diferentes razões".

Eduardo Domingos Bottallo[130] também defende o mesmo entendimento jurídico de José Artur Lima Gonçalves;[131] e, dentre ou-

---

[127] No procedimento de fiscalização poderá haver o exercício do contraditório pelo contribuinte, mas certamente não haverá lide processual.

[128] "Art. 3º Tributo é toda prestação pecuniária compulsória, em moeda ou cujo valor nela se possa exprimir, que não constitua sanção de ato ilícito, instituída em lei e cobrada mediante atividade administrativa plenamente vinculada".

[129] HORVATH, Estevão. *Lançamento Tributário e "Autolançamento"*. São Paulo: Dialética, 1997, p. 60.

[130] BOTTALLO, Eduardo Domingos. *Curso de Processo Administrativo Tributário*. São Paulo: Malheiros, 2006, p. 28/29.

[131] GONÇALVES, José Artur Lima. *Imposto sobre a Renda – Pressupostos Constitucionais*. São Paulo: Malheiros, 1997, p. 101.

tros respeitáveis doutrinadores, Eurico Marcos Diniz de Santi[132] assevera que:

> Nada impede que um mesmo suporte físico, uma folha de papel por exemplo, contenha "n" enunciados aos quais correspondam "n" normas jurídicas. A norma é a significação, não o suporte existencial: o ato-norma administrativo de lançamento é a significação do enunciado, não é o documento que o veicula.
>
> Posto isso, é ilícito imaginar: (i) o ato-norma administrativo de lançamento, (ii) ato-norma administrativo de imposição da multa pelo não pagamento, (iii) o ato-norma administrativo de imposição da multa de mora e (iv) o ato-norma administrativo de imposição da multa instrumental (Capítulo VI, itens 3.1, 3.2 e 3.3) – todos normas jurídicas – com correspectivos enunciados veiculados em único documento, que pode ter um nome qualquer, até mesmo "auto de infração".

Portanto, o Auto de Infração poderá contemplar (i) um ato administrativo de lançamento, quando dele conste exigência tributária, hipótese denominada por lançamento de ofício; e (ii) outro ato administrativo, por intermédio do qual a Administração Pública aplica sanção em virtude da infringência de determinado comando normativo.

Entendemos que a Administração Pública, por intermédio de um mesmo documento – no caso, o Auto de Infração –, possa promover tanto o ato de lançamento quanto o ato de aplicação da penalidade.

O Decreto nº 70.235, de 6 de março de 1972, que, dentre outras providências, dispõe sobre o processo administrativo tributário federal, em seu artigo 10, determina que o Auto de Infração será lavrado por servidor competente, no local da verificação da falta, e conterá, obrigatoriamente, os seguintes requisitos: (i) a qualificação do autuado; (ii) o local, a data e a hora da lavratura; (iii) a descrição do fato; (iv) a disposição legal infringida e a penalidade aplicável; (v) a determinação da exigência e a intimação para cumpri-la ou impugná-la no prazo de 30 dias; e (vi) a assinatura do autuante e a indicação de seu cargo ou sua função e o número de matrícula.

No âmbito do processo administrativo tributário paulista, o Decreto Estadual nº 54.486, de 26 de junho de 2009, em seu artigo 99, prevê quais são os elementos que devem obrigatoriamente constar no Auto de Infração, a saber: (i) a identificação da repartição fiscal competente e o registro do dia, hora e local da lavratura; (ii) a identificação do autuado; (iii) a descrição do fato gerador da obrigação correspondente e das circunstâncias em que ocorreu; (iv) a determinação

---

[132] SANTI, Eurico Marcos Diniz de. *Lançamento Tributário*. São Paulo: Max Limonad, 1996, p. 196.

da matéria tributável e o cálculo do montante do tributo devido e da penalidade aplicável; (v) a indicação dos dispositivos normativos infringidos e dos relativos às penalidades cabíveis; (vi) a indicação do prazo para cumprimento da exigência fiscal ou para apresentação da defesa; e (vii) o nome legível e a assinatura do Agente Fiscal de Rendas autuante, dispensada esta quando grafada por meio eletrônico nas situações expressamente previstas pela Secretaria da Fazenda.

Na esfera do processo administrativo paulistano, a Lei Municipal n° 14.107, de 12 de dezembro de 2005, em seu artigo 11, determina que o Auto de Infração deverá conter os requisitos seguintes: (i) o local, data e hora da lavratura; (ii) o relatório circunstanciado dos fatos que embasaram a autuação; (iii) o nome e endereço do autuado, identificação do imóvel, se for o caso, ou indicação do número de inscrição no Cadastro de Contribuintes Mobiliários (CCM), se houver; (iv) a descrição do fato que constitui a infração; (v) a indicação expressa da disposição legal infringida e da penalidade aplicável; (vi) a determinação da exigência e intimação ao autuado para cumpri-la, no prazo de 30 dias; (vii) a assinatura do autuante, ou certificação eletrônica, na forma do regulamento, e indicação de seu cargo ou função e registro funcional; e (viii) a ciência do autuado ou de seu representante legal, mandatário ou preposto, por uma das formas previstas na lei.

Dessa forma, tendo em vista que o Auto de Infração compreende os elementos que demonstrem o fato jurídico tributário, a determinação precisa da matéria objeto de tributação, a apuração do cálculo do montante devido a título de tributo, a identificação do sujeito passivo (direto ou indireto) e a aplicação da penalidade cabível, entendemos que se revela como verdadeiro ato de lançamento tributário. Ressaltamos que as normas jurídicas inerentes ao lançamento tributário (no caso, ao Auto de Infração), devem obedecer aos requisitos de "validade" e de "eficácia".[133]

---

[133] DINIZ, Maria Helena. *Dicionário Jurídico*. 3ª ed. São Paulo: Saraiva, 2008, p. 297 e 800. Apresenta as seguintes definições, a saber: "Eficácia: Teoria geral do direito e filosofia do direito. 1. É a qualidade da norma vigente de produzir, no seio da coletividade, efeitos jurídicos concretos, considerando, portanto, não só a questão de sua condição técnica de aplicação, observância, ou não, pelas pessoas a quem se dirige, mas também a de sua adequação em face da realidade social, por ela disciplinada, e dos valores vigentes na sociedade, o que conduziria ao seu sucesso. A eficácia diz respeito, portanto, ao fato de se saber se os destinatários da norma ajustam, ou não, seu comportamento, em maior ou menor grau, às prescrições normativas, ou seja, se cumprem, ou não, os comandos jurídicos, e se os aplicam ou não. Trata-se da eficácia jurídica. 2. Qualidade do que é eficaz". "Validade da Norma: Filosofia do direito. 1. Complexo com aspectos de vigência, eficácia e fundamento (Miguel Reale). Esses três aspectos essenciais da validade são os requisitos para que a norma jurídica seja legitimamente obrigatória. 2. Característica da norma cuja autoridade, ainda que o conteúdo não seja cumprido, é respeitada, sendo tecnicamente imune a qualquer descrédito (Tercio Sampaio Ferraz Jr.)".

4. Vícios dos atos jurídicos processuais

4.1. Considerações acerca da teoria das nulidades no Direito Civil

O estudo do tema relativo aos vícios dos atos jurídicos processuais compreende, certamente, tarefa de extrema dificuldade, em razão da falta de consenso doutrinário, precariedade normativa e relevância de seus decorrentes efeitos jurídicos.

Assim, sem qualquer pretensão de esgotar o assunto, nossa análise tem por objetivo, tão somente, contribuir de alguma forma ao estudo do Direito.

Ao discorrer acerca da ineficácia do ato jurídico, em virtude de haver sido executado com transgressão à legislação, pela ausência de requisito indispensável à sua validade, De Plácido e Silva[134] conceitua "nulidade", nos seguintes termos:

> Nulidade, pois, em realidade, no sentido técnico-jurídico, quer exprimir inexistência, visto que o ato ineficaz, ou sem valia, é tido como não tendo existência legal. Falta-lhe a força vital, para que possa, validamente, procedentemente, produzir os efeitos jurídicos desejados.
>
> A rigor, a nulidade mostra vício mortal, em virtude do que o ato não somente se apresenta como ineficaz ou inválido, como se mostra como não tendo vindo.
>
> (...).

O Capítulo V, Título I, Livro III, do Código Civil brasileiro, aprovado pela Lei nº 10.406, de 10 de janeiro de 2002, dedica-se, exclusivamente, às questões relacionadas à invalidade do negócio jurídico.

---

[134] SILVA, De Plácido e. *Vocabulário Jurídico*. Vol. III. Rio de Janeiro e São Paulo: Forense, 1963, p. 1.074.

Conforme a intitulada "Teoria das Nulidades" do Direito Civil, consideram-se como atos jurídicos inválidos aqueles que, por conterem vícios, não produzem quaisquer efeitos, em razão do que a doutrina tradicional majoritária classifica-os como "atos nulos" ou como "atos anuláveis".

Maria Helena Diniz[135] observa que a nulidade compreende a sanção imposta pela norma jurídica, que implica a privação dos efeitos do negócio praticado em virtude da inobservância ao que prescrevem os comandos normativos, de forma que o ordenamento somente admitiria as seguintes espécies de nulidade: "absoluta" e "relativa".

Considera-se nulo o ato jurídico que, em razão de grave defeito que o atinge, não apresenta condições de produzir os efeitos almejados. O ato jurídico é nulo quando gravado por vício essencial, e, por intermédio da declaração da nulidade absoluta, não produzirá quaisquer efeitos jurídicos, "por ofender, gravemente, princípios de ordem pública".[136]

Assim, a nulidade absoluta consiste em penalidade que, diante da gravidade do atentado ao ordenamento jurídico, compreende a privação da eficácia jurídica que teria o ato jurídico caso estivesse em consonância com a legislação de regência.

Flávio Augusto Monteiro de Barros[137] observa que "o negócio jurídico nulo é o que, embora reunindo os elementos necessários à sua existência, foi praticado com violação à lei, à ordem pública, aos bons costumes ou com inobservância da forma legal".

Nos termos do Código Civil brasileiro, aprovado pela Lei nº 10.406, de 10 de janeiro de 2002, considera-se nulo o ato jurídico nas seguintes hipóteses, a saber: (i) quando praticado por pessoa absolutamente incapaz; (ii) quando seu objeto for impossível; (iii) quando o motivo for ilícito; (iv) quando não se revestir de forma adequada; (v) quando o ato jurídico for simulado; e (vi) sempre que a lei assim o determinar.

Observa-se que a nulidade absoluta poderá ser alegada por qualquer uma das partes interessadas, pelo Ministério Público e pelo juiz, carecendo de decisão judicial para a retirada de sua eficácia.

---

[135] DINIZ, Maria Helena. *Curso de Direito Civil Brasileiro. Teoria Geral do Direito Civil*. 1º vol. 20ª ed. São Paulo: Saraiva, 2003, p. 453.

[136] *Ibidem*, p. 453.

[137] BARROS, Flávio Augusto Monteiro de. *Manual de Direito Civil. Lei de Introdução e Parte Geral*. São Paulo: Método, 2005, p. 292.

Considera-se ato jurídico anulável, quando gravado de defeito passível de convalidação, circunstância em que o ato jurídico se revela imperfeito, mas não profundamente afetado como na hipótese do ato nulo, razão pela qual a lei possibilita aos interessados a alternativa de que requeiram sua anulação ou de que produzam normalmente seus efeitos.

Maria Helena Diniz,[138] adotando o conceito de Clóvis Beviláqua, pontifica que "a nulidade relativa ou anulabilidade refere-se a negócios que se acham inquinados de vício capaz de lhes determinar a ineficácia, mas que poderá ser eliminado, restabelecendo-se a sua normalidade".

Nos termos do Código Civil brasileiro, aprovado pela Lei nº 10.406, de 10 de janeiro de 2002, considera-se ato anulável: (i) aquele praticado por pessoas relativamente incapazes; (ii) aquele eivado por erro, dolo, coação, fraude contra credores, lesão e estado de perigo; e (iii) o que a lei assim o determinar.

Ressalte-se que a anulabilidade, de forma distinta da nulidade, apenas poderá ser suscitada por aqueles que dela se beneficiem (interessados), mas jamais pelo juiz.

Ademais, a doutrina civilista observa ser imprescindível aos atos nulos e aos atos anuláveis a manifestação pelo Poder Judiciário acerca do vício que macula o ato jurídico, pois a nulidade absoluta e a nulidade relativa apenas operam se decretadas judicialmente, hipótese em que a nulidade e a anulabilidade tornam inoperantes os atos jurídicos que apresentem efeitos nulificadores.

4.2. Aplicação da teoria das nulidades do Direito Civil ao Direito Administrativo

A invalidação do ato administrativo – e, por sua vez, dos atos praticados no processo administrativo tributário – encontra-se intrinsecamente relacionada à possibilidade de aplicação da Teoria das Nulidades do Direito Civil ao Direito público, revelando-se oportuna a seguinte observação,[139] a saber:

> No direito administrativo, a doutrina atinente à nulidade dos atos administrativos não é pacífica, existindo importantes divergências de entendimento. Alguns defen-

---

[138] DINIZ, Maria Helena. *Curso de Direito Civil Brasileiro. Teoria Geral do Direito Civil*. 1º vol. 20ª ed. São Paulo: Saraiva, 2003, p. 454.

[139] NEDER, Marcos Vinicius; LÓPEZ, Maria Teresa Martínez. *Processo Administrativo Fiscal Federal Comentado*. São Paulo: Dialética, 2002, p. 410.

dem haver atos nulos e anuláveis, adotando a mesma concepção prevista no Código Civil. Outros autores alegam que não se pode aplicar as regras do direito civil por serem incompatíveis com a natureza do direito público. Sustentam que só pode haver atos nulos no direito administrativo, não se cogitando entre atos anuláveis. E, finalmente, há aqueles que entendem que, no direito administrativo, existem atos nulos, anuláveis e inexistentes.

Acerca da referida divergência doutrinária na esfera do Direito Administrativo, ilustrativamente, Miguel Seabra Fagundes[140] entende que os atos administrativos podem ser classificados como "absolutamente inválidos", "relativamente inválidos" e "irregulares".

Hely Lopes Meirelles[141] entende apenas pela existência dos atos "nulos" e "inexistentes", negando a existência dos atos "anuláveis" no Direito público.

Para Celso Antônio Bandeira de Mello,[142] os atos administrativos classificam-se como "anuláveis", "nulos" e "inexistentes", enquanto Ruy Cirne Lima[143] adota a classificação como "inexistentes", "nulos", "anuláveis", "revogáveis" e "suspensos" e, finalmente, José Cretella Jr.[144] caracteriza-os como "nulos/inexistentes", "anuláveis" e "irregulares".

Embora exista divergência doutrinária acerca da possibilidade de adoção no Direito Administrativo da posição acolhida pelo Direito Civil (Teoria das Nulidades), comungamos do entendimento de Oswaldo Aranha Bandeira de Mello,[145] ao esclarecer que, *verbis:*

> A distinção entre os atos nulos e anuláveis, embora objeto de sistematização pelos civilistas, não envolve matéria jurídica de direito privado, mas da Teoria Geral do Direito, pertinente à ilegitimidade dos atos jurídicos, e, portanto, perfeitamente adaptável ao direito público, especialmente ao Direito Administrativo. Não se trata, por conseguinte, de transplantação imprópria de teoria do direito privado para o direito público, inconciliável com os princípios informadores do ato administrativo.
>
> (...)

---

[140] FAGUNDES, Miguel Seabra. *O Controle dos Atos Administrativos pelo Poder Judiciário.* Rio de Janeiro: Forense, 1967, p. 250.

[141] MEIRELLES, Hely Lopes. *Direito Administrativo Brasileiro.* 35ª ed. Atualizada por AZEVEDO, Eurico de Andrade; ALEIXO, Délcio Balestero; BURLE FILHO, José Manuel. São Paulo: Malheiros, p. 176/177.

[142] MELLO, Celso Antônio Bandeira de. *Curso de Direito Administrativo.* 26ª ed. São Paulo: Malheiros, p. 476/478.

[143] LIMA, Ruy Cirne. *Princípios de Direito Administrativo.* 5ª ed. São Paulo: RT, 1982, p. 92/93.

[144] CRETELLA JR., José. *Controle Jurisdicional do Ato Administrativo.* 3ª ed. Rio de Janeiro: Forense, 1993, p. 250.

[145] MELLO, Oswaldo Aranha Bandeira de. *Princípios Gerais de Direito Administrativo.* Vol. I. Introdução. 3ª ed. São Paulo: Malheiros, 2007, p. 656 e 661.

A teoria da invalidade dos atos jurídicos, embora divulgada em primeira mão pelo Direito Civil, não é dele, porém da Teoria Geral do Direito. Por conseguinte, em se adotando não se vincula o Direito Administrativo ao direito privado. Mas se reivindica, outrossim, para o direito público, teoria própria do Direito em geral.

Enquanto os vícios, nos termos do Código Civil brasileiro, aprovado pela Lei nº 10.406, de 10 de janeiro de 2002, encontram-se relacionados às nulidades atinentes aos elementos do ato jurídico (sujeito, objeto e forma), no Direito Administrativo, os vícios podem referir-se a quaisquer um dos requisitos do ato administrativo (sujeito/competência, forma, objeto, motivo e finalidade).

José Souto Maior Borges[146] pontua que os vícios do lançamento, em razão das consequências jurídicas que o enfermam, poder ser "nulos" ou "anuláveis", observando que:

> O lançamento nulo, em consequência da gravidade do vício respectivo, é, pela doutrina, eventualmente equiparado a um lançamento inexistente. Essa inexistência caracterizar-se-ia pela irrelevância jurídica do lançamento nulo. Consideram-se como nulidade hipóteses em que a autoridade competente deverá declarar que o ato submetido à sua apreciação é inválido e, consequentemente, ineficaz, projetando-se os efeitos dessa declaração no passado, ou seja, até o momento da introdução desse ato no ordenamento jurídico. (...) Sem embargo, a nulidade, assim caracterizada, coloca-se num terreno fronteiriço da simples anulabilidade. A anulabilidade implica a impugnabilidade do lançamento. Anulável será o lançamento quando seus vícios deverão ser impugnados como condição *sine qua non* para que a autoridade administrativa competente o anule.

Dessa forma, em se tratando dos vícios dos atos administrativos, especialmente os atos praticados no âmbito do processo administrativo tributário (federal, estadual, distrital e municipal), pois compreendem matéria inerente à Teoria Geral do Direito, permitimo-nos adotar como juridicamente apropriada a classificação que contempla as seguintes espécies: "atos nulos" e "atos anuláveis".

4.3. Efeitos dos vícios intrínsecos ao ato administrativo

No Capítulo 3, apontamos que o "ato administrativo" apresenta-se como espécie do gênero "ato jurídico", embora apresente atributos distintos dos atos do direito privado e encontre-se submetido ao regime de direito público, conceituando-o como a manifestação ou a declaração unilateral de vontade, do Estado ou de quem lhe faça as vezes, no exercício da função administrativa, dentro dos

---

[146] BORGES, José Souto Maior. *Lançamento Tributário*. 2ª ed. São Paulo: Malheiros, 1999, p. 247.

limites legais de suas atribuições, que tenha por finalidade pública imediata a produção de efeitos jurídicos, devidamente sujeito ao controle de legalidade por órgão jurisdicional competente.

Ressaltamos que a invalidação do ato administrativo que se revele inconveniente, ilegítimo ou inoportuno ao sistema jurídico compreende relevante questão tanto para a Administração Pública quanto para o Poder Judiciário, uma vez que competirá a ambos desfazê-lo em razão da inadequação ao interesse público ou confronto com as demais normas jurídicas.

Ademais, quando o ato processual encontra-se maculado de vício, ainda assim, será considerado válido e eficaz, até o momento em que ocorra a decretação de sua nulidade pela autoridade competente.[147]

No que concerne à possibilidade de revisão dos atos administrativos, a Administração Pública dispõe da prerrogativa da "autotutela", por meio da qual "poderá declarar a nulidade dos seus próprios atos", quando maculados "de vícios que os tornem ilegais, porque deles não se originam direitos; ou revogá-los, por motivo de conveniência ou oportunidade, respeitados os direitos adquiridos e ressalvada, em todos os casos, a apreciação judicial", nos termos das Súmulas nos 346 e 473, ambas do Supremo Tribunal Federal.

Nesse sentido, o artigo 53 da Lei nº 9.784, de 21 de janeiro de 1999, que regula o processo administrativo no âmbito da Administração Pública Federal, assevera que "a Administração deve anular seus próprios atos, quando eivados de vício de legalidade, e pode revogá-los por motivo de conveniência ou oportunidade, respeitados os direitos adquiridos".[148]

---

[147] Ressaltamos que o estudo dos vícios e consequências dos atos administrativos envolve diversos aspectos, tais como: (i) a possibilidade de serem objeto de validação ou convalescimento (ratificação, reforma e conversão); (ii) a revisão do ato administrativo (erro de fato e erro de direito); e (iii) as formas de extinção (revogação, invalidação, cassação, caducidade e contraposição). Diante da limitação do estudo, restringimos referida análise aos aspectos que, em nosso entender, são os mais relevantes para maior compreensão da temática central do presente estudo.

[148] O Supremo Tribunal Federal, nos autos do Recurso Extraordinário nº 594.2961, proferiu o seguinte entendimento, *verbis:* "Autotutela da Administração Pública. Ato Administrativo com Repercussão no Campo de Interesses Individuais. Devido Processo Legal. Princípios do Contraditório e da Ampla Defesa. Direito Administrativo. Anulação de Ato Administrativo cuja Formalização tenha Repercutido no Campo de Interesses Individuais. Poder de Autotutela da Administração Pública. Necessidade de Instauração de Procedimento Administrativo sob o Rito do Devido Processo Legal e com Obediência aos Princípios do Contraditório e da Ampla Defesa. Existência de Repercussão Geral". (Relator Ministro Menezes Direito, *DJe* de 12 de fevereiro de 2009, p. 20) Da mesma forma, o Tribunal de Impostos e Taxas da Secretaria dos Negócios da Fazenda do Estado de São Paulo, decidiu que "verificando-se que a decisão atacada mostra-se desmotivada e que a ocorrência de tal tipo de vício pode ser alegada a

Dessa perspectiva, observamos que o ato administrativo permanece em vigor, produzindo os decorrentes efeitos jurídicos, em face da sua presunção de legitimidade, até o momento em que (i) advenha a desnecessidade de sua existência, no caso em que tenha ocorrido o efetivo cumprimento de sua finalidade; ou (ii) caso seja reconhecida a sua ilegitimidade por órgão jurisdicional competente; ou (iii) na situação em que sejam declarados vícios em sua formação.

Em estudo clássico acerca dos Princípios Gerais de Direito Administrativo, Oswaldo Aranha Bandeira de Mello[149] assevera que "considera-se que padece de vício o ato administrativo cujo conteúdo não preenche os requisitos de que devia estar informado ou em cuja formação não foram observados os requisitos prescritos para sua validade".

Ao examinarem detidamente o processo administrativo tributário federal, Marcos Vinicius Neder e Maria Teresa Martínez López,[150] por sua vez, observam que "os vícios de ilegalidade podem dizer respeito a qualquer dos elementos ou pressupostos do ato administrativo ou, ainda, das regras processuais estabelecidas para a condução do processo".

Portanto, parece-nos que a eficácia dos atos praticados no âmbito do processo administrativo tributário (federal, estadual, distrital e municipal) encontra-se relacionada à sua celebração em conformidade aos requisitos contidos no ordenamento jurídico, e a inobservância à forma estabelecida implica a privação dos seus efeitos (ausência de eficácia).

Da mesma forma, entendemos que os vícios (nulidade e anulabilidade) inerentes ao processo administrativo tributário decorrem da inobservância aos princípios de natureza constitucional, aos princípios gerais de natureza administrativa e aos princípios de natureza processual administrativa, abordados no Capítulo 2 do presente estudo.

---

qualquer tempo, bem como ser diagnosticada e pronunciada de ofício, mesmo porque é dever da Administração, por força do princípio da autotutela, rever e invalidar os atos ilegais que praticou". (Processo DRT nº 06 415145/2005, Câmaras Reunidas, Juiz Relator Gianpaulo Camilo Dringoli, sessão de julgamento realizada em 28 de fevereiro de 2008, *DO* em 6 de março de 2008)

[149] MELLO, Oswaldo Aranha Bandeira de. *Princípios Gerais de Direito Administrativo*. Vol. I. Introdução. 3ª ed. São Paulo: Malheiros, 2007, p. 651/652.

[150] NEDER, Marcos Vinicius; LÓPEZ, Maria Teresa Martínez. *Processo Administrativo Fiscal Federal Comentado*. São Paulo: Dialética, 2002, p. 409.

4.4. Espécies de vícios dos atos administrativos

Adotando como premissa a circunstância de que os vícios relacionados aos atos praticados na tramitação do processo administrativo tributário classificam-se como "nulos" e "anuláveis", resta-nos agora tecermos considerações adicionais acerca dos aludidos conceitos e respectivos efeitos jurídicos.

Revela-se, a propósito, preciso o ensinamento de Hans Kelsen,[151] no sentido de que a "anulabilidade prevista pela ordem jurídica pode ter diferentes graus (...) a nulidade é apenas o grau mais alto da anulabilidade".

Alfredo Augusto Becker,[152] por sua vez, observa que:

> No mundo jurídico há maior (nulidade) ou menor (anulabilidade) intolerância ou repugnância por atos jurídicos defeituosos (inválidos: nulos e anuláveis), de tal sorte que o legislador que criou a regra jurídica específica da nulidade ou da anulabilidade, também criou o instrumental técnico-jurídico para fazer desaparecer do mundo jurídico a existência jurídica e os efeitos jurídicos daqueles atos defeituosos (inválidos).

4.5. Ato nulo e ato anulável. Considerações adicionais

Ao examinar detidamente os vícios dos atos administrativos, Oswaldo Aranha Bandeira de Mello[153] apresenta a seguinte definição de "ato nulo", a saber:

> O ato nulo é aquele inquinado de defeito grave que o impede de atingir o efeito jurídico almejado. É o ato em que falta elemento essencial para sua razão de ser, na sua estrutura jurídica, pois viola disposição legal de ordem pública ou dos bons costumes, em geral, que a preceituam para qualquer ato jurídico

E, quanto ao conceito de "ato anulável", referido autor assevera ser "aquele em que falta elemento acidental, pois se prende ao interesse das partes que participam do ato, e instituído para protegê-las, tendo em vista a manifestação das vontades".[154]

Celso Antônio Bandeira de Mello considera como nulos "a) os atos que a lei assim os declare; b) os atos em que é racionalmente

---

[151] KELSEN, Hans. *Teoria Pura do Direito*. 3ª ed. São Paulo: Martins Fontes, 1991, p. 292/294.
[152] BECKER, Alfredo Augusto. *Teoria Geral do Direito Tributário*. São Paulo: Noeses, 2007, p. 459.
[153] MELLO, Oswaldo Aranha Bandeira de. *Princípios Gerais de Direito Administrativo*. Vol. I. Introdução. 3ª ed. São Paulo: Malheiros, 2007, p. 653.
[154] *Ibidem*, p. 653.

impossível a convalidação, pois, se o mesmo conteúdo (é dizer, o mesmo ato) fosse novamente produzido, seria reproduzida a invalidade anterior", pontificando que os atos anuláveis são "a) os que a lei assim os declare; b) os que podem ser praticados sem vício".[155]

Lídia Maria Lopes Rodrigues Ribas[156] esclarece que:

> Quando o vício é sanável ou convalidável trata-se de hipótese de nulidade relativa; quando não é, caso de nulidade absoluta. (...) A nulidade de qualquer ato no processo administrativo tributário é declarada pela autoridade competente para praticar o ato ou julgar sua legitimidade, e só prejudica os posteriores quando dele diretamente dependam ou dele sejam consequência.

E referida autora arremata, entendendo que:

> Diz-se nulo o ato administrativo que não produz o efeito correspondente, por vício essencial. A nulidade é imediata, considerando-se como não realizado o ato nulo, que não produz qualquer efeito e é insanável – ou seja, não pode ser corrigido, conformado ou sanado.[157]

Em recente estudo no qual discorre acerca dos fundamentos para uma "Teoria da Nulidade" na esfera do Direito Tributário, Tácio Lacerda Gama[158] observa que:

> Como se vê, os atos anuláveis são criados com vícios menos graves do que os nulos. Daí por que podem ser sanados e têm prazo certo para serem alegados em juízo, sob pena de preclusão.
>
> Já os atos nulos, por conflitarem com aspectos essenciais da competência (*i.e.*, sujeito e procedimentos devidos), podem ser descontituídos ao longo de todo o processo e, em alguns casos, até depois dele. Algumas destas nulidades, ou vícios absolutos, chega a ser visto como matéria de ordem pública que compromete a própria validade do processo em que esse ato é praticado.
>
> (...)
>
> Inconstitucionalidade, ilegalidade, nulidade, anulabilidade, erro de fato, erro de direito, improcedência da pretensão fazendária ou de contribuinte são espécies do gênero nulidade em sentido amplo. Todos esses vícios mantêm entre si a característica comum de serem constituídos por participantes do sistema em virtude da criação de uma norma em confronto com o que dispõe a respectiva norma de competência.

Adicionalmente, considerando as espécies de vícios dos atos administrativos, classificando-os como "nulos" e "anuláveis" e

---

[155] MELLO, Celso Antônio Bandeira de. *Curso de Direito Administrativo*. 26ª ed. São Paulo: Malheiros, 2009, p. 470/471.

[156] RIBAS, Lídia Maria Lopes Rodrigues. *Processo Administrativo Tributário*. 3ª ed. São Paulo: Malheiros, 2008, p. 85/86.

[157] *Ibidem*, p. 85/86.

[158] GAMA, Tácio Lacerda. *Competência Tributária – Fundamentos para uma Teoria da Nulidade*. São Paulo: Noeses, 2009, p. 335/336 e 347.

seus respectivos efeitos ("nulidade" e "anulabilidade"), cumpre-nos observar no que consistem a "nulidade relativa" e a "nulidade absoluta".

4.6. Nulidade relativa e nulidade absoluta. Considerações adicionais

A identificação de atos jurídicos praticados com vícios permitiu a conclusão de Manoel Antonio Gadelha Dias,[159] no sentido de que ocorrerá "nulidade absoluta" ou "nulidade relativa", em virtude da maior ou menor gravidade do vício, hipóteses que pressupõem "nulidade" ou "anulabilidade".

Ao discorrer acerca dos conceitos de "nulidade absoluta" e de "nulidade relativa", De Plácido e Silva[160] observa que:

> Nulidade absoluta ou substancial, quando decorre da omissão de elemento ou requisito essencial à formação jurídica do ato, seja referente à sua forma ou a seu fundo. Diz-se, também, intrínseca.
>
> A nulidade absoluta infirma o ato de inexistente, podendo ser oposta por qualquer interessado, em razão de seu caráter de ordem pública, ou porque tenha ferido preceito, que lhe estabelece os elementos de vida.
>
> (...)
>
> Nulidade relativa ou acidental, quando, decorrente de infração às regras jurídicas, não se mostra mortal, continuando o ato jurídico a surtir seus efeitos, enquanto não seja decretada a sua anulação. É a anulabilidade do ato anulável, cujos efeitos se tornam *ex nunc*, quando julgada a sua ineficácia.

As considerações apontadas permitem-nos asseverar que a ilegitimidade do ato administrativo poderá classificar-se como "absoluta" (hipótese em que gera "nulidade") ou "relativa" (hipótese que gera "anulabilidade").[161]

A exigência de forma específica do ato administrativo tem por finalidade a preservação de interesses de ordem pública, razão pela

---

[159] DIAS, Manoel Antonio Gadelha. "O Vício Formal no Lançamento Tributário". *In:* TÔRRES, Heleno Taveira; QUEIROZ, Mary Elbe; FEITOSA, Raymundo Juliano (coords.). *Direito Tributário e Processo Administrativo Aplicados*. São Paulo: Quartier Latin, 2005, p. 336.

[160] SILVA, De Plácido e. *Vocabulário Jurídico*. Vol. III. Rio de Janeiro e São Paulo: Forense, 1963, p. 1.074.

[161] A esse respeito, Estevão Horvath pontifica que "deveras, como ato administrativo que é, o lançamento pode ser tido como nulo ou anulável. Os administrativistas que estudaram o tema posicionaram-se alguns pela admissibilidade da nulidade relativa (anulabilidade), outros pela impossibilidade desta última acontecer no Direito Público. Todos admitem, porém, a nulidade absoluta". (HORVATH, Estevão. *Lançamento Tributário e "Autolançamento"*. São Paulo: Dialética, 1997, p. 63)

qual a autoridade competente configura como a "fiel guardiã" de sua irrestrita observância.

Nessa circunstância, estamos diante da "nulidade absoluta", a qual pode e deve ser decretada de ofício, independentemente de provocação pela parte interessada.

Por outro lado, na hipótese em que o interesse visado pela determinação legal da forma é exclusivamente da parte, trata-se de "nulidade relativa", circunstância em que a autoridade competente não efetuará sua decretação de ofício, apenas podendo ser decretada por intermédio de provocação da parte interessada, à qual compete o ônus da aludida alegação na primeira oportunidade em que se pronunciar no processo administrativo tributário, sob pena de convalescimento do ato processual imperfeito.

Em face das considerações apontadas, parece-nos possível, sinteticamente, apontar as seguintes conclusões, a saber:

i) os vícios que gravam aos atos praticados no processo administrativo tributário classificam-se em duas espécies, a saber: "atos nulos" e "atos anuláveis";

ii) considera-se "ato nulo" o ato jurídico que, por conter vício essencial (defeito grave), não apresenta condições de produzir quaisquer efeitos jurídicos e nem sequer se encontra passível de convalidação (insanável), uma vez que foi praticado em confronto com as disposições legais e com ofensa aos princípios de ordem pública;

iii) o ato nulo gera "nulidade", caracterizada pela "nulidade absoluta", a qual deriva da ausência de elemento ou de requisito fundamental à formação jurídica do ato, quer em relação à sua forma, quer em relação ao seu fundo;

iv) considera-se "ato anulável" o ato jurídico imperfeito, que carece de elemento acidental, em que o vício revela-se passível de saneamento ou de convalidação; e

v) o ato anulável gera "anulabilidade", caracterizada pela "nulidade relativa", a qual, embora decorra de infração à comando normativo, produz efeitos jurídicos enquanto sua anulação não for decretada pela autoridade competente.

4.7. Disciplina normativa da nulidade no processo administrativo tributário

Antes de examinarmos a específica disciplina normativa relativa aos vícios dos atos praticados no processo administrativo tributário (federal, estadual, distrital e municipal), ressaltamos que, no âmbito da legislação complementar, conforme abordado no Capítulo 3 do presente trabalho, o Código Tributário Nacional, aprovado pela Lei nº 5.172, de 25 de outubro de 1966, no artigo 145, inciso III, artigo 149 e artigo 173, inciso II, estabelece que, *verbis:*

> Art. 145. O lançamento regularmente notificado ao sujeito passivo só pode ser alterado em virtude de:
>
> (...)
>
> III – iniciativa de ofício da autoridade administrativa, nos casos previstos no art. 149.
>
> (...)
>
> Art. 149. O lançamento é efetuado e revisto de ofício pela autoridade administrativa nos seguintes casos:
>
> I – quando a lei assim o determine;
>
> II – quando a declaração não seja prestada, por quem de direito, no prazo e na forma da legislação tributária;
>
> III – quando a pessoa legalmente obrigada, embora tenha prestado declaração nos termos do inciso anterior, deixe de atender, no prazo e na forma da legislação tributária, a pedido de esclarecimento formulado pela autoridade administrativa, recuse-se a prestá-lo ou não o preste satisfatoriamente, a juízo daquela autoridade;
>
> IV – quando se comprove falsidade, erro ou omissão quanto a qualquer elemento definido na legislação tributária como sendo de declaração obrigatória;
>
> V – quando se comprove omissão ou inexatidão, por parte da pessoa legalmente obrigada, no exercício da atividade a que se refere o artigo seguinte;
>
> VI – quando se comprove ação ou omissão do sujeito passivo, ou de terceiro legalmente obrigado, que dê lugar à aplicação de penalidade pecuniária;
>
> VII – quando se comprove que o sujeito passivo, ou terceiro em benefício daquele, agiu com dolo, fraude ou simulação;
>
> VIII – quando deva ser apreciado fato não conhecido ou não provado por ocasião do lançamento anterior;
>
> IX – quando se comprove que, no lançamento anterior, ocorreu fraude ou falta funcional da autoridade que o efetuou, ou omissão, pela mesma autoridade, de ato ou formalidade especial.
>
> Parágrafo único. A revisão do lançamento só pode ser iniciada enquanto não extinto o direito da Fazenda Pública.
>
> (...)
>
> Art. 173. O direito de a Fazenda Pública constituir o crédito tributário extingue-se após 5 (cinco) anos contados:
>
> (...)
>
> II – da data em que se tornar definitiva a decisão que houver anulado, por vício formal, o lançamento anteriormente efetuado.

No âmbito federal, o Decreto nº 70.235, de 6 de março de 1972, que, dentre outras providências, dispõe sobre o processo administrativo fiscal, em seus artigos 59 a 61, discorre especificamente acerca das nulidades, por onde depreende-se que:

i) consideram-se nulos (a) os atos e termos lavrados por pessoa incompetente; e (b) os despachos e decisões proferidos por autoridade incompetente ou com preterição do direito de defesa;

ii) a nulidade de qualquer ato apenas prejudica os posteriores que dele diretamente dependam ou sejam consequência;

iii) na declaração de nulidade, a autoridade competente mencionará os atos alcançados, determinando as providências necessárias ao prosseguimento ou à solução do processo administrativo tributário;

iv) quando puder decidir do mérito a favor do sujeito passivo a quem aproveitaria a declaração de nulidade, a autoridade julgadora não a pronunciará nem mandará repetir o ato ou suprir-lhe a falta (redação incluída pela Lei Federal nº 8.748, de 9 de dezembro de 1993);

v) as irregularidades, incorreções e omissões diferentes das referidas anteriormente não importarão em nulidade e serão sanadas quando resultarem em prejuízo para o sujeito passivo, salvo se este lhes houver dado causa, ou quando não influírem na solução do litígio; e

vi) a nulidade será declarada pela autoridade competente para praticar o ato ou julgar a sua legitimidade.

Na esfera estadual, a Lei nº 13.457, de 18 de março de 2009, que dispõe sobre o processo administrativo tributário no Estado de São Paulo, em seus artigos 10 a 15, contemplou questões atinentes às nulidades, nos seguintes termos:

i) a nulidade de qualquer ato somente prejudica os atos posteriores que dele dependam diretamente;

ii) quando a lei prescrever determinada forma, sob pena de nulidade, a decretação desta não poderá ser requerida por quem lhe deu causa;

iii) as incorreções ou omissões do Auto de Infração não acarretarão sua nulidade, quando nele constarem elementos suficientes para se determinar com segurança a natureza da infração e a pessoa do infrator;

iv) os erros existentes no Auto de Infração poderão ser corrigidos pelo autuante, com anuência de seu superior imediato, ou por este, enquanto não apresentada defesa, cientificando-se o autuado e devolvendo-se-lhe o prazo para apresentação da defesa ou pagamento do débito fiscal com o desconto previsto em lei;

v) apresentada a defesa, as correções possíveis somente poderão ser efetuadas pelo órgão de julgamento ou por sua determinação;

vi) estando o processo administrativo tributário em fase de julgamento, os erros de fato e os de capitulação da infração ou da penalidade serão corrigidos pelo órgão de julgamento, de ofício ou em razão de defesa ou recurso, não sendo causa de decretação de nulidade;

vii) quando da correção resultar penalidade de valor equivalente ou menos gravoso, será ressalvada ao interessado, expressamente, a possibilidade de efetuar o pagamento do débito fiscal no prazo de 30 (trinta) dias, contados da intimação, com desconto igual ao que poderia ter usufruído no decurso do prazo previsto para a apresentação da defesa;

viii) a redução do débito fiscal exigido por meio de Auto de Infração, efetuada em decorrência de prova produzida nos autos, não caracteriza erro de fato;

ix) o órgão de julgamento mandará suprir as irregularidades existentes no Auto de Infração, quando não puder efetuar a correção de ofício;

x) as irregularidades que tiverem causado prejuízo à defesa, devidamente identificado e justificado, só acarretarão a nulidade dos atos que não puderem ser supridos ou retificados;

xi) saneadas as irregularidades pela autoridade competente e tendo havido prejuízo à defesa, será devolvido ao autuado o prazo de 30 dias para pagamento do débito fiscal com o desconto previsto à época da lavratura do Auto de Infração ou para apresentação da defesa, relativamente aos itens retificados; e

xii) a decisão de qualquer instância administrativa que contiver erro de fato será passível de retificação, devendo o processo administrativo tributário ser submetido à apreciação do respectivo órgão de julgamento.

No âmbito municipal, a Lei n° 14.107, de 12 de dezembro de 2005, que dispõe sobre o processo administrativo fiscal de São Paulo, em seus artigos 11 a 16, disciplina as questões relativas às nulidades, na forma seguinte:

i) a assinatura do autuado, de seu representante legal, mandatário, preposto ou certificação eletrônica, não constitui formalidade essencial à validade do Auto de Infração e não implicará confissão, nem sua falta ou recusa acarretará nulidade do lançamento de ofício ou agravamento da infração;

ii) as incorreções, omissões ou inexatidões da Notificação de Lançamento e do Auto de Infração não o tornam nulo quando dele constem elementos suficientes para determinação do crédito tributário, caracterização da infração e identificação do autuado;

iii) os erros existentes na Notificação de Lançamento e no Auto de Infração poderão ser corrigidos pelo órgão lançador ou pelo autuante, com anuência de seu superior imediato, enquanto não apresentada impugnação e não inscrito o crédito em dívida ativa, cientificando o sujeito passivo e devolvendo-lhe o prazo para apresentação da impugnação ou pagamento do débito fiscal com desconto previsto em lei;

iv) apresentada a impugnação ou inscrito o crédito em dívida ativa, as correções possíveis somente poderão ser efetuadas pelo órgão de julgamento ou por sua determinação;

v) estando o processo administrativo tributário em fase de julgamento, os erros de fato ou de direito serão corrigidos pelo órgão de julgamento, de ofício ou em razão de impugnação ou recurso, não sendo causa de decretação de nulidade;

vi) nos casos de erros corrigidos de ofício, o sujeito passivo será cientificado, devolvendo-lhe o prazo para apresentação da impugnação ou pagamento do débito fiscal com desconto previsto em lei;

vii) o órgão de julgamento mandará suprir as irregularidades existentes, quando não puder efetuar a correção de ofício;

viii) quando, em exames posteriores e diligências, realizados no curso do processo, forem verificadas incorreções, omissões ou inexatidões de que resultem agravamento da exigência inicial, será lavrado Auto de Infração ou emitida Notificação de Lançamento complementar, devolvendo ao sujeito passivo o prazo para impugnação da matéria agravada; e

ix) nenhum Auto de Infração será retificado ou cancelado sem despacho da autoridade administrativa.

Ainda que referidos diplomas legais prescrevam hipóteses relativas às nulidades, entendemos que estas não se apresentam de forma taxativa, mas tão somente, exemplificativa, uma vez que os vícios dos atos praticados no âmbito do processo administrativo tributário (federal, estadual, distrital e municipal) decorrem, dentre outras circunstâncias, especialmente da inobservância: (i) de quaisquer dos requisitos do ato administrativo (sujeito/competência, forma, objeto, motivo e finalidade); e (ii) dos princípios de natureza constitucional, dos princípios gerais de natureza administrativa e dos princípios de natureza processual administrativa, conforme abordamos nos Capítulos 2 e 3 do presente estudo.

Dessa forma, por intermédio do ponto de intersecção entre a teoria e a prática, analisaremos, no Capítulo 5, algumas situações processuais específicas, que permitem sustentarmos aludido entendimento jurídico, objetivando, desta maneira, contribuir de alguma forma com a Ciência do Direito, sem qualquer pretensão de esgotar aludida temática, até mesmo porque jamais seria possível compreendê-la de forma exaustiva.

5. Inobservância aos princípios, consequentes vícios e efeitos jurídicos processuais

5.1. Pressupostos Básicos

Conforme abordado nos Capítulos anteriores do presente trabalho, é cediço que o processo administrativo tributário, nos âmbitos federal, estadual, distrital e municipal, deve necessariamente pautar-se pelos princípios de natureza constitucional, pelos princípios gerais de natureza administrativa e pelos princípios de natureza processual administrativa.

Revela-se extremamente corriqueira a identificação de vícios que maculam o processo administrativo tributário nas aludidas esferas, comprometendo, por via de consequência jurídica, tanto a tramitação processual quanto os requisitos de liquidez e de certeza imprescindíveis à constituição do crédito tributário.

Por intermédio do ponto de intersecção entre a teoria e a prática, analisaremos neste Capítulo, exemplificativamente, algumas situações específicas, que permitem sustentarmos o entendimento de que os vícios inerentes ao processo administrativo tributário decorrem, necessariamente, da ausência dos requisitos do ato administrativo e da inobservância aos princípios de natureza constitucional, aos princípios gerais de natureza administrativa e aos princípios de natureza processual administrativa.

Examinaremos as seguintes hipóteses, a saber: (i) falta de entrega ao contribuinte dos elementos que embasam o lançamento; (ii) inexistência de nexo entre o relato da infração, os dispositivos legais infringidos e a capitulação da multa; (iii) ausência de apreciação de todos os argumentos do contribuinte e da Fazenda pelo julgador tributário; (iv) impossibilidade de saneamento das omissões, inexatidões, incorreções e irregularidades pelo julgador tributário; (v) decisões que extrapolam os limites do lançamento; (vi) impossibilidade de embasar lançamento em resposta da consultoria tributária a contribuinte distinto – efeito *inter partes versus* efeito *erga omnes*; (vii) desrespeito à ordem legal de preferência para ciência do lançamento; (viii) violação ao princípio da não cumulatividade no lançamento; e (ix) incompetência do órgão julgador.

Aludida análise se mostra de fundamental relevância, tendo em vista que são inúmeras as situações processuais em que se identificam vícios processuais decorrentes da inobservância e do frontal desrespeito dos princípios em referência, os quais maculam de nulidade ou de anulabilidade o processo administrativo tributário (federal, estadual e municipal).

Assim, arriscamo-nos concluir que, uma vez que os vícios decorrem da inobservância aos requisitos do ato administrativo e do desrespeito aos princípios abordados, dentro de um rigor formal, número significativo de processos administrativos tributários apresentariam, ao menos, uma nulidade processual que (i) poderia configurar a insubsistência ou o cancelamento do lançamento de ofício; ou que (ii) poderia anular determinados atos processuais praticados, determinando que outros sejam executados em sua substituição.

5.2. Situações específicas

5.2.1. Falta de entrega ao contribuinte dos elementos que embasam o lançamento

O artigo 146, inciso III, alínea "b", do Texto Constitucional de 1988, estabelece que cabe à lei complementar estabelecer normas gerais em matéria de legislação tributária, especialmente sobre obrigação, crédito, prescrição, decadência e lançamento.

No que concerne à constituição do crédito tributário, o artigo 142 do Código Tributário Nacional, aprovado pela Lei nº 5.172, de 25 de outubro de 1966, estipula que:

> Compete privativamente à autoridade administrativa constituir o crédito tributário pelo lançamento, assim entendido o procedimento administrativo tendente a verificar a ocorrência do fato gerador da obrigação correspondente, determinar a maté-

ria tributável, calcular o montante do tributo devido, identificar o sujeito passivo e, sendo caso, propor a aplicação da penalidade cabível".

O parágrafo único do artigo 142 do referido diploma legal, dispõe que "a atividade administrativa de lançamento é vinculada e obrigatória, sob pena de responsabilidade funcional".

Observamos, no decorrer do presente trabalho, que a autoridade administrativa somente poderá promover o lançamento de ofício, na hipótese em que a legislação contenha, de maneira clara, precisa e pormenorizada, todos os elementos atinentes à regra-matriz de incidência tributária, quais sejam: aspecto pessoal (sujeitos ativo e passivo), aspecto material, aspecto quantitativo (base de cálculo e alíquota), aspecto temporal e aspecto espacial.

Da mesma forma, apontamos no Capítulo III deste trabalho, que o Auto de Infração[162] poderá contemplar (i) um ato administrativo de lançamento, quando dele conste exigência tributária, hipótese denominada por lançamento de ofício; e (ii) outro ato administrativo por intermédio do qual a Administração Pública aplica sanção em virtude de infringência a determinado comando normativo.

Assim, reiteramos nosso entendimento de que a Administração Pública, por meio de um mesmo documento (no caso, o Auto de Infração), possa promover tanto o ato de lançamento quanto o ato de aplicação da penalidade, no mesmo suporte documental.

Por seu turno, o Auto de Infração deverá conter, de forma irrestrita e pormenorizada, todos os elementos inerentes à exigência fazendária, de forma que o contribuinte possa exercer sua defesa de forma ampla, observando os demais princípios aplicáveis ao processo administrativo tributário.

O lançamento de ofício requer elementos imprescindíveis à configuração da obrigação tributária, sem os quais o mesmo não terá condições de prosperar, estando fadado à sua nulidade.

O Decreto nº 70.235, de 6 de março de 1972, que, dentre outras providências, dispõe sobre o processo administrativo tributário federal, em seu artigo 10, determina que o Auto de Infração será lavrado por servidor competente, no local da verificação da falta, e conterá, obrigatoriamente, os seguintes requisitos: (i) a qualificação do autuado; (ii) o local, a data e a hora da lavratura; (iii) a descrição do fato; (iv) a disposição legal infringida e a penalidade aplicável;

---

[162] Independentemente da terminologia adotada pela respectiva legislação de regência (Auto de Infração, Auto de Infração e Imposição de Multa, Notificação Fiscal de Lançamento de Débito, dentre outras).

(v) a determinação da exigência e a intimação para cumpri-la ou impugná-la no prazo de 30 dias; e (vi) a assinatura do autuante e a indicação de seu cargo ou função e o número de matrícula.

No âmbito do processo administrativo tributário do Estado de São Paulo, o Decreto Estadual nº 54.486, de 26 de junho de 2009, em seu artigo 99, prevê quais são os elementos que devem obrigatoriamente constar no Auto de Infração, a saber: (i) a identificação da repartição fiscal competente e o registro do dia, hora e local da lavratura; (ii) a identificação do autuado; (iii) a descrição do fato gerador da obrigação correspondente e das circunstâncias em que ocorreu; (iv) a determinação da matéria tributável e o cálculo do montante do tributo devido e da penalidade aplicável; (v) a indicação dos dispositivos normativos infringidos e dos relativos às penalidades cabíveis; (vi) a indicação do prazo para cumprimento da exigência fiscal ou para apresentação da defesa; (vii) o nome legível e a assinatura do Agente Fiscal de Rendas autuante, dispensada esta quando grafada por meio eletrônico nas situações expressamente previstas pela Secretaria dos Negócios da Fazenda do Estado.

Também reiteramos que, na esfera do processo administrativo do Município de São Paulo, a Lei Municipal nº 14.107, de 12 de dezembro de 2005, em seu artigo 11, determina que o Auto de Infração deverá conter os requisitos seguintes: (i) o local, a data e a hora da lavratura; (ii) o relatório circunstanciado dos fatos que embasaram a autuação; (iii) o nome e endereço do autuado, a identificação do imóvel, se for o caso, ou a indicação do número de inscrição no Cadastro de Contribuintes Mobiliários (CCM), se houver; (iv) a descrição do fato que constitui a infração; (v) a indicação expressa da disposição legal infringida e da penalidade aplicável; (vi) a determinação da exigência e intimação ao autuado para cumpri-la, no prazo de 30 dias; (vii) a assinatura do autuante, ou certificação eletrônica, na forma do regulamento, e indicação de seu cargo ou função e registro funcional; e (viii) a ciência do autuado ou de seu representante legal, mandatário ou preposto, por uma das formas previstas na lei.

No entanto, não basta, apenas, que a autoridade fazendária (federal, estadual, distrital e municipal), ao promover o lançamento de ofício, observe o comando previsto no artigo 142 do Código Tributário Nacional, de maneira que identifique o fato gerador da obrigação tributária; determine a matéria tributável; calcule o montante do tributo devido; aponte o sujeito passivo; e aplique, se for o caso, a penalidade cabível.

Revela-se imprescindível que o Auto de Infração seja devidamente instruído com os documentos, demonstrativos e demais elementos que comprovem a infração cometida pelo contribuinte, de forma que o autuado se encontre possibilitado ao exercício de sua ampla defesa, o que somente ocorrerá na hipótese em que se encontrar de posse irrestrita de todos os elementos que embasam o lançamento de ofício.

A propósito, o artigo 9º do Decreto nº 70.235, de 6 de março de 1972, na redação recentemente conferida pela Lei nº 11.941, de 27 de maio de 2009, determina que "a exigência do crédito tributário e a aplicação de penalidade isolada serão formalizados em autos de infração ou notificações de lançamento (...) os quais deverão estar instruídos com todos os termos, depoimentos, laudos e demais elementos de prova indispensáveis à comprovação do ilícito".

Os §§ 1º e 2º do artigo 99 do Decreto nº 54.486, de 26 de junho de 2009, do Estado de São Paulo, estabelecem que:

> O auto de infração deve ser instruído com documentos, demonstrativos e demais elementos materiais comprobatórios da infração (...) ao autuado será entregue uma via do auto de infração, mediante recibo, valendo como notificação, juntamente com cópia dos demonstrativos e demais documentos que o instruem, salvo daqueles cujos originais estejam em sua posse.

Nesse sentido, considerando que referidos dispositivos normativos, que impõem a entrega dos elementos que embasam o lançamento de ofício ao contribuinte autuado, nem sempre têm sido observados pelas autoridades fazendárias (federais, estaduais, distrital e municipais), revelam-se precisas as lições de Eduardo Domingos Bottallo[163] ao observar que

> Se o contribuinte desconhece as razões determinantes da lavratura do auto de infração, bem assim as provas em que elas se apóiam, não terá como exercer efetivamente seu direito de defesa (...) o auto de infração deve estribar-se em dados, documentos e provas aptos a permitir ao contribuinte o pleno acesso ao contraditório e, com ele, ao devido processo legal.

A esse respeito, Luis R. Carranza Torres[164] assevera que

> Siendo que la potestad sancionadora de la administración debe ejercitarse em consonancia con las garantías constitucionales, ello implica que la carga de la prueba de los hechos constitutivos de la infracción recaiga sobre la administración. De-

---

[163] BOTTALLO, Eduardo Domingos. *Curso de Processo Administrativo Tributário*. São Paulo: Malheiros, 2006, p. 30/31.

[164] TORRES, Luis R. Carranza. *Planteos en Defensa de los Derechos del Contribuyente frente al Fisco. Doctrina y Análisis de Casos*. Buenos Aires: Legis Argentina, 2007, p. 206.

biendo la resolución a que se arribe basarse em datos objetivos suficientemente acreditados em el expediente.

O fundamento preciso da infração cometida, a determinação da matéria tributável, o cálculo do montante do tributo devido, a identificação do sujeito passivo e a aplicação, se for o caso, da penalidade cabível, por meio da entrega dos respectivos documentos, demonstrativos, provas etc. que embasam o Auto de Infração, além de permitirem o exercício da ampla defesa pelo contribuinte autuado, ainda revelam-se imprescindíveis pelos seguintes motivos, a saber:

i) identificação da repartição fiscal e local da lavratura: o ato de lançamento, na qualidade de ato administrativo, encontra-se submetido aos requisitos necessários à sua execução, quais sejam: sujeito e competência, forma, objeto, motivo e finalidade. Ademais, a identificação da repartição fiscal permite determinar a competência administrativa, de forma que não reste dúvida acerca do órgão fazendário competente ao recebimento da Defesa ou Impugnação[165] e das peças recursais;

ii) indicação da data da lavratura e respectiva ciência pelo contribuinte autuado: as informações em comento são de extrema relevância, tendo em vista que determinam (a) o momento da exclusão da espontaneidade do contribuinte com relação aos limites da matéria compreendida na exigência fazendária, nos termos do artigo 138,[166] do Código Tributário Nacional; (b) a ineficácia da formulação de Consulta Fiscal; (c) a adesão a eventual Programa de Parcelamento Incentivado (PPI), Programa de Recuperação Fiscal (Refis) ou Parcelamento Especial (Paes); e (d) o termo de início da contagem do prazo decadencial;[167]

---

[165] Embora compreendam o mesmo significado, o processo administrativo tributário nas esferas federal e do Município de São Paulo utilizam a terminologia "Impugnação", ao passo que o processo administrativo tributário no âmbito do Estado de São Paulo utiliza o termo "Defesa".

[166] "Art. 138. A responsabilidade é excluída pela denúncia espontânea da infração, acompanhada, se for o caso, do pagamento do tributo devido e dos juros de mora, ou do depósito da importância arbitrada pela autoridade administrativa, quando o montante do tributo dependa de apuração. Parágrafo único. Não se considera espontânea a denúncia apresentada após o início de qualquer procedimento administrativo ou medida de fiscalização, relacionados com a infração".

[167] O Código Tributário Nacional, estabelece: "Art. 150. (...) § 4º Se a lei não fixar prazo à homologação, será ele de 5 (cinco) anos, a contar da ocorrência do fato gerador; expirado esse prazo sem que a Fazenda Pública se tenha pronunciado, considera-se homologado o lançamento e definitivamente extinto o crédito, salvo se comprovada a ocorrência de dolo, fraude ou simulação. (...) Art. 156. Extinguem o crédito tributário: (...) V – (...) a decadência. (...) Art. 173. O direito de a Fazenda Pública constituir o crédito tributário extingue-se após 5 (cinco) anos, contados: I – do primeiro dia do exercício seguinte àquele em que o lançamento poderia ter sido efetuado; II – da data em que se tornar definitiva a decisão que houver anulado, por vício formal, o lançamento anteriormente efetuado. Parágrafo único. O direito a que se refere este artigo extingue-se definitivamente com o decurso do prazo nele previsto, contado da data em que tenha sido iniciada a constituição do crédito tributário pela notificação, ao sujeito passivo, de qualquer medida preparatória indispensável ao lançamento".

iii) descrição do fato jurídico tributário relativo à situação infracional e à disposição legal infringida: tem por finalidade demonstrar os elementos e as circunstâncias da obrigação tributária que não teriam sido observados, mediante o relato pormenorizado da infração imputada pelo Fisco ao contribuinte (inclusive por meio do documento atualmente utilizado denominado "Termo Circunstanciado de Ação Fiscal"), de forma que seja apontada a irregularidade cometida pelo contribuinte, bem como os dispositivos normativos infringidos, ressaltando que, em decorrência do princípio da legalidade, esta deverá guardar relação de pertinência ao dispositivo legal infringido pelo contribuinte autuado. Da mesma forma, a identificação do fato jurídico tributário caracterizador da infração, bem como do período compreendido no lançamento de ofício, caracterizam critérios limitadores aos institutos da Denúncia Espontânea, da Consulta Fiscal e da adesão a eventual a Programa de Parcelamento Incentivado (PPI), Programa de Recuperação Fiscal (Refis) ou Parcelamento Especial (Paes);

iv) determinação da matéria tributável e o cálculo do montante do tributo: compreende a especificação do elemento de natureza econômica envolvido em virtude da infração cometida pelo contribuinte autuado, mediante a aplicação da respectiva alíquota, culminando na apuração do valor devido a título de tributo;

v) penalidade aplicável: tem por finalidade demonstrar o enquadramento da situação fático-jurídica ao dispositivo infracional específico e legalmente previsto;

vi) indicação dos prazos para apresentação de Defesa ou para o cumprimento da exigência imputada: objetiva conferir ao contribuinte autuado a faculdade de apresentar Defesa ou, ainda, de promover o recolhimento do débito fiscal com os respectivos descontos e reduções legalmente previstos.

Consideramos que a inobservância, pelo Fisco (federal, estadual, distrital e municipal), do cumprimento dos requisitos em referência – inclusive pela falta de entrega ou, ainda, pela entrega parcial ao contribuinte autuado dos documentos, demonstrativos, provas etc. que embasam o lançamento de ofício – resulta em nulidade do próprio lançamento promovido, tendo em vista que desrespeitaria os princípios da legalidade, eficiência administrativa, contraditório, ampla defesa, devido processo legal, motivação, verdade material e segurança jurídica, conforme abordado no Capítulo 3 do presente trabalho.

No que concerne à obrigatoriedade de que a autoridade fazendária forneça ao contribuinte autuado todos os documentos, demonstrativos, provas etc. que fundamentam o lançamento de ofício, o Tribunal de Impostos e Taxas da Secretaria dos Negócios da Fazenda do Estado de São Paulo[168] entendeu pela nulidade do Auto

---

[168] Processo DRT nº 12 3573/93, Câmaras Reunidas, Juíza Relatora Antonia Emília Pires Sacarrão, julgado em sessão realizada em 24 de abril de 2001, publicado no Ementário do TIT de 2003, p. 219/220.

de Infração, em razão da configuração de cerceamento de defesa do contribuinte, pois

> a via do Auto de Infração e Imposição de Multa que é entregue ao contribuinte deve estar acompanhada de cópias dos documentos apreendidos pela Fiscalização e que serviram para embasar sua acusação. A inobservância desse preceito dá origem a cerceamento de defesa.

O próprio Tribunal de Impostos e Taxas da Secretaria dos Negócios da Fazenda do Estado de São Paulo manifestou os seguintes entendimentos acerca da questão jurídica sob análise, *verbis:*

> Cerceamento de Defesa. Falta de entrega ao interessado de cópia de documento que ensejou a autuação. Anulado o processo a partir do Auto de Infração para que seja aperfeiçoado com a entrega de cópia de todos os documentos ao contribuinte e reabertura dos prazos legais.[169]
>
> Auto de Infração. Falta de entrega, ao autuado, de documentos que embasaram a acusação. Nulidade. Recurso ordinário provido, julgado insubsistente o AIIM, sem prejuízo do seu refazimento.
>
> Decisão unânime.
>
> Padece o processado de vício insanável. Conforme reiteradamente vem decidindo este Tribunal, "a peça acusatória deve estar devidamente instruída com toda a documentação que lhe dá embasamento, seguindo-se do pleno e imediato conhecimento do contribuinte, para que tenha condições de apresentar ampla defesa. Somente com o integral conhecimento dos amplos termos acusatórios é que o autuado poderá oferecer ampla defesa e impugnação, asseguradas por princípio constitucional".
>
> (...)
>
> Não tendo a ação fiscal condições de prosperar a vista das nulidades insanáveis que foram apontadas, julgo insubsistente o auto inicial, sem prejuízo do seu refazimento, com a garantia de ampla defesa, nos termos assegurados pelo artigo 5º, LV, da vigente Constituição da República Federativa do Brasil.[170]

Concluímos que a falta de entrega ou, ainda, a entrega parcial pelo Fisco (federal, estadual, distrital e municipal), ao contribuinte, dos documentos, demonstrativos, provas etc., que embasam o lançamento de ofício, pressuponha indubitável nulidade e, consequentemente, cancelamento do Auto de Infração lavrado, uma vez que afronta os princípios da legalidade, eficiência administrativa, contraditório, ampla defesa, devido processo legal, motivação, ver-

---

[169] Processo DRT nº 10 3629/91, Segunda Câmara, Juiz Relator Adermir Ramos da Silva, julgado em sessão realizada em 8 de junho de 1995, publicado no Ementário do TIT de junho de 1996 a abril de 1997, p. 42/43.

[170] Processo DRT nº 04 4939/87, Sétima Câmara Suplementar, Juiz Relator Melchior de Lima, sessão de julgamento realizada em 3 de outubro de 1989, publicado no *Boletim do TIT* nº 249, de 11 de maio de 1991.

dade material e segurança jurídica. Todavia, a jurisprudência dominante no âmbito do processo administrativo tributário do Estado de São Paulo tem reconhecido a anulabilidade processual, não para determinar o cancelamento do Auto de Infração, mas para convalidá-lo, somente anulando os atos processuais posteriores à sua lavratura, em busca do seu aperfeiçoamento, mediante a entrega dos documentos ao contribuinte e respectiva reabertura dos prazos legais, para o exercício da defesa.

Adicionalmente, apontamos para peculiar procedimento adotado no âmbito do processo administrativo do Município de São Paulo, relativo ao lançamento do Imposto sobre a Transmissão de Bens Imóveis (ITBI), de competência municipal, previsto no artigo 156, inciso II, do Texto Constitucional de 1988.[171]

O artigo 38 do Código Tributário Nacional, ao estabelecer um dos aspectos da regra-matriz de incidência tributária, qual seja, o critério quantitativo, determina que a base de cálculo do ITBI compreende "o valor venal dos bens ou direitos transmitidos".[172]

No âmbito do Município de São Paulo, o artigo 7º da Lei nº 11.154, de 30 de dezembro de 1991, alterado pelo artigo 25 da Lei nº 14.256, de 29 de dezembro de 2006, estipula que "para fins de lançamento do imposto, a base de cálculo é o valor venal dos bens ou direitos transmitidos, assim considerado o valor pelo qual o bem ou direito seria negociado à vista, em condições normais de mercado".

Nesse contexto, o valor venal compreenderia o valor pelo qual o bem ou o direito foi efetivamente transmitido, ou seja, aquele valor realmente praticado pelas partes envolvidas na operação de transmissão do bem, uma vez que consiste no preço pactuado pelas partes atinente à alienação do bem ou do direito.

---

[171] "Art. 156. Compete aos Municípios instituir impostos sobre: (...) II – transmissão *inter vivos*, a qualquer título, por ato oneroso, de bens imóveis, por natureza ou acessão física, e de direitos reais de imóveis, exceto os de garantia, bem como cessão de direitos a sua aquisição".

[172] No que tange ao valor venal para fins de apuração das bases de cálculo do ITBI e do Imposto sobre a Propriedade Predial e Territorial Urbana (IPTU), ressaltamos a observação apontada por Aires F. Barreto, no sentido de que: "Fiel ao arquétipo constitucional, e dentro dos limites da atribuição que lhe foi conferida, o legislador complementar estabeleceu no art. 33 do CTN que a base de cálculo do IPTU 'é o valor venal do imóvel' e a do ITBI 'é o valor venal dos bens ou direitos transmitidos' (art. 38). (...) Tendo os dois impostos por base de cálculo o valor venal, não é possível considerar valores venais distintos para cada um deles. O conceito de valor venal é uno, não podendo ser cindido em valor venal para fins de IPTU e valor venal para fins de ITBI". (BARRETO, Aires F. *Curso de Direito Tributário Municipal*. São Paulo: Saraiva, 2009, p. 302)

Destarte, o valor venal para fins de tributação pelo ITBI consiste, em regra, na hipótese de operações imobiliárias, no valor da venda do bem imóvel (valor do bem ou direito transmitido), ou seja, no valor da transação imobiliária realizada.

O artigo 148 do Código Tributário Nacional estipula, nesse sentido, que:

> Quando o cálculo do tributo tenha por base, ou tome em consideração, o valor ou o preço dos bens, direitos, serviços ou atos jurídicos, a autoridade lançadora, mediante processo regular, arbitrará aquele valor ou preço, sempre que sejam omissos ou não mereçam fé as declarações ou os esclarecimentos prestados, ou os documentos expedidos pelo sujeito passivo ou pelo terceiro legalmente obrigado, ressalvada, em caso de contestação, avaliação contraditória, administrativa ou judicial.

Em conformidade com referido artigo e respectiva legislação municipal de regência, revela-se plenamente possível o arbitramento da base de cálculo do ITBI pelo órgão fazendário municipal competente, sempre que sejam omissos ou não merecerem fé os esclarecimentos, as declarações, os documentos ou os recolhimentos prestados, expedidos ou efetuados pelo sujeito passivo ou por terceiro legalmente obrigado, mediante procedimento regular, por meio do qual arbitrará o valor na forma e nas condições regulamentares.

O Fisco do Município de São Paulo, por inúmeras oportunidades, elabora "laudo de avaliação", em processo administrativo apartado, por meio do qual procura demonstrar diferenças no valor venal do bem imóvel objeto de transação imobiliária.[173]

Em razão do confronto entre o valor venal apurado em laudo de avaliação e o valor venal praticado pelos particulares quando da apuração da base de cálculo do ITBI incidente sobre o fato jurídico e objeto do respectivo recolhimento do tributo, as autoridades fiscais municipais promovem a expedição de Notificação de Lançamento, no intuito de exigir o adimplemento complementar do recolhimento do ITBI supostamente devido.

No corpo da Notificação de Lançamento, costuma-se encontrar a seguinte expressão:

> De acordo com o apurado em processo administrativo apartado, constatou-se o recolhimento a menor do ITBI na transmissão imobiliária realizada. Base de cálculo arbitrada conforme laudo de avaliação constante no processo.

---

[173] Atualmente, no intuito de evitar exigências relativas ao recolhimento complementar do ITBI nas aludidas operações, o Município de São Paulo passou a disponibilizar previamente, em sua página na rede mundial de computadores (www.prefeitura.sp.gov.br), programa que simula o cálculo do imposto a ser recolhido pelo contribuinte.

Todavia, as autoridades fiscais municipais nem sempre fornecem ao autuado, no momento da ciência da Notificação de Lançamento, cópia do laudo de avaliação elaborado, mencionando, tão somente, que, na operação de transmissão imobiliária realizada pelo contribuinte, foi apurado recolhimento a menor do ITBI, em virtude da apuração de valor venal superior ao adotado.

Dessa forma, o órgão fazendário municipal competente poderá elaborar laudo de avaliação do bem imóvel, em obediência às inerentes normas jurídicas e técnicas. Contudo, deverá necessariamente apresentá-lo ao sujeito passivo da obrigação tributária (autuado), de forma que esteja efetivamente assegurada a possibilidade de oferecimento da denominada "avaliação contraditória".

Isso porque, mediante a apresentação do laudo de avaliação ao contribuinte autuado, no momento da ciência da Notificação de Lançamento do ITBI, deve-se observar os princípios da ampla defesa, do contraditório, do devido processo legal, da verdade material e da segurança jurídica, inerentes ao processo administrativo tributário municipal. Caso contrário, este se encontrará, em nosso entendimento, gravado pela nulidade.

Aludida situação (deixar de entregar o laudo de avaliação ao contribuinte autuado no momento da ciência da Notificação de Lançamento do ITBI complementar) resulta, por via de consequência jurídica, em patente desrespeito aos princípios da ampla defesa, contraditório, devido processo legal, verdade material e segurança jurídica, uma vez que ao contribuinte autuado não foi garantida a publicidade de documentos imprescindíveis que fundamentaram a Notificação de Lançamento (essencialmente o laudo de avaliação), culminando no cerceamento do direito de exercer sua ampla defesa.

Destarte, na hipótese sob exame, entendemos que deveria ser assegurado ao contribuinte autuado, desde o momento da ciência da Notificação de Lançamento, a apresentação de todos os documentos que embasaram a exigência fazendária, especialmente pela prontidão da entrega de cópia do laudo de avaliação elaborado pelo Fisco municipal.

Parece-nos inquestionável que a ausência e a consequente omissão no fornecimento de cópia do laudo de avaliação ao contribuinte autuado, no momento de sua ciência à Notificação do Lançamento (com simples menção de sua existência em distinto processo administrativo), configurem hipótese de nulidade, em razão do total desrespeito aos princípios aplicáveis ao processo administrativo tributário municipal, impondo o cancelamento da Notificação de Lançamento expedida pela municipalidade.

Neste sentido, José Eduardo Soares de Melo[174] assevera que:

> Não basta a simples referência de que tais documentos se encontram anexados ao processo e que podem ser manuseados na repartição fiscal. (...) O amplo direito de Defesa e o princípio do contraditório (máximas constitucionais) impõem a entrega de todos os elementos ao autuado.

No entanto, o Conselho Municipal de Tributos de São Paulo, ao apreciar a questão em comento, entendeu que a falta de entrega do laudo de avaliação elaborado pelo Fisco municipal ao contribuinte autuado, no momento da Notificação de Lançamento, não configura cerceamento do seu direito de defesa, e sequer caracterizaria hipótese de nulidade ou anulabilidade, nos seguintes termos,[175] *verbis*:

> ITBI. Arbitramento. (...) Nulidade do Lançamento por Efetuado sem a Manifestação do Contribuinte. Desconhecimento dos Critérios de Avaliação. Preliminares Afastadas. Lançamento Complementar do Imposto. (...)
>
> (...)
>
> 2. A notificação de lançamento informou o processo administrativo que lhe deu origem, a existência de laudo de avaliação, a possibilidade de impugná-los e o prazo para tanto. Durante todo o prazo para a impugnação do lançamento os autos estiveram fraqueados ao contribuinte, de sorte que não há falar em cerceamento de defesa por desconhecimento dos termos do processo ou da avaliação.

5.2.2. Inexistência de nexo entre o relato da infração, os dispositivos infringidos e a capitulação da multa

Em conformidade com o exposto no Capítulo 3 deste trabalho, a principal legislação de regência do processo administrativo tributário (federal,[176] estadual[177] e municipal[178]) estabelece os requisitos inerentes ao Auto de Infração, dentre os quais encontram-se: (i) a descrição do fato caracterizador da infração e das circunstâncias em que ocorreu; (ii) a indicação expressa da disposição normativa

---

[174] MELO, José Eduardo Soares de. *Processo Tributário Administrativo e Judicial*. 2ª ed. São Paulo: Quartier Latin, 2009, p. 99.

[175] Decisão Paradigmática nº 1.000.023, Terceira Câmara Julgadora Efetiva. Nesse mesmo sentido, foi proferida a Decisão Paradigmática nº 1.000.020, da Terceira Câmara Julgadora Efetiva.

[176] Artigo 10 do Decreto nº 70.235, de 6 de março de 1972.

[177] Artigo 99 do Decreto nº 54.486, de 26 de junho de 2009, do Estado de São Paulo.

[178] Artigo 11 da Lei nº 14.107, de 12 de dezembro de 2005, do Município de São Paulo.

infringida; e (iii) a indicação do dispositivo normativo relativo à penalidade cabível.

Nesse sentido, a descrição do fato praticado pelo contribuinte demonstra os motivos que culminaram no lançamento de ofício, estabelecendo o nexo entre as provas colacionadas pela autoridade fazendária em decorrência do procedimento de fiscalização realizado e a conclusão de sua verificação. Observamos que a descrição do fato que embasa a exigência fiscal deve ser relatada de forma clara, precisa e pormenorizada, de forma que não comporte dúvida acerca da relação lógica e jurídica entre os elementos da formação de sua convicção e decorrentes conclusões.

O suporte documental da exigência fiscal deve compreender um campo específico em que a autoridade fazendária descreverá, de forma detalhada, a situação fática embasadora do débito fiscal, podendo, inclusive, estar acompanhada de relatório circunstanciado elaborado no decorrer do procedimento fiscalizatório.

Assim, em campo apropriado do Auto de Infração, a autoridade fazendária promoverá o relato detalhado do fato praticado pelo contribuinte, caracterizador da infração à legislação tributária, apontando, inclusive, o período abrangido na exigência (dia, mês, ano etc.), eventual montante envolvido (valor dos serviços, valor das operações etc.), quais foram os documentos fiscais considerados (notas fiscais, livros fiscais etc.), dentre outros.

A descrição do fato relativo à situação infracional imputada, acompanhada da menção precisa do dispositivo normativo infringido, objetiva demonstrar os elementos e as circunstâncias da obrigação tributária que não teriam sido observadas pelo contribuinte, advertindo que, em virtude do princípio da legalidade e da tipicidade, devem guardar, entre si, intrínseca relação de pertinência.

Eduardo Domingos Bottallo[179] observa que o lançamento de ofício deve conter, pormenorizadamente, a descrição da conduta ilícita, por meio das circunstâncias em que ocorreu, de forma que o contribuinte autuado tenha condições de impugnar a pretensão fazendária, sendo certo que a ausência desses requisitos impede que o Auto de Infração cumpra a contento sua finalidade.

Ademais, a indicação do dispositivo normativo relativo à penalidade cabível tem por finalidade demonstrar o enquadramento da situação fático-jurídica ao dispositivo infracional específico e le-

---

[179] BOTTALLO, Eduardo Domingos. *Curso de Processo Administrativo Tributário*. São Paulo: Malheiros, 2006, p. 30.

galmente previsto, pela circunstância de que o lançamento de ofício apresenta como pressuposto a prática de um ilícito de natureza tributária, em razão do descumprimento de determinado dever jurídico, cominando a aplicação da sanção respectiva.

Portanto, em observância aos princípios da legalidade e da tipicidade, o lançamento de ofício deve, obrigatoriamente, conter todos os elementos essenciais à sua formação, mediante a descrição detalhada do fato, perfeitamente ajustada à hipótese legal de incidência e respectiva penalidade aplicável, ou seja, a exigência fazendária deve estar claramente enunciada para conhecimento do autuado, sob pena de decretação de sua nulidade, por caracterizar cerceamento do direito de defesa do contribuinte.

Exemplificativamente, se a infração praticada pelo contribuinte decorre da "falta de recolhimento" do Imposto sobre Produtos Industrializados (IPI),[180] a autoridade fazendária, ao descrever aludida infração, jamais poderá capitular a multa cabível em dispositivo normativo concernente à infração relativa ao "creditamento indevido" do imposto.

Do mesmo modo, entendemos que na circunstância do contribuinte ter recolhido determinado tributo em valor inferior ao apurado pela fiscalização tributária, em virtude de efetuar indevidas exclusões da respectiva base de cálculo, o relato da infração, os dispositivos infringidos e a multa aplicável não podem se referir à "falta de recolhimento do imposto", mas tão somente à hipótese de seu "recolhimento a menor".

Assim, são inúmeras as decisões proferidas pela antigo Conselho de Contribuintes do Ministério da Fazenda, em que a inobservância aos requisitos em comento resultou em nulidade do lançamento de ofício.[181]

---

[180] Nos termos do artigo 153, inciso IV, da Constituição Federal de 1988.

[181] "Processo Fiscal. Nulidade. Anula-se o processo 'ab initio', se o auto de infração não contém elemento essencial ao aperfeiçoamento do lançamento, como a descrição do ato (art. 10, III, do Decreto nº 70.235/72), a informação fiscal e a decisão de primeira instância que não observaram o disposto nos arts. 19 e 31 do Decreto nº 70.235/72". (Acórdão nº 201-68.634, Recurso nº 85.893, sessão de julgamento realizada em 13 de novembro de 1992); "IRPJ. Princípio da Tipicidade. Superficialidade da Investigação. Improcedência Acusatória. O princípio da tipicidade revela que o instituto da competência impositiva fiscal deve ser exaustiva. Todos os critérios necessários à descrição tanto do fato tributável como da relação jurídico-tributária reclamam uma manifesta e esgotante previsão legal. O lançamento fiscal não pode se valer de sua própria dúvida. A certeza e segurança jurídicas envoltas no princípio da reserva legal (CTN, arts. 3º e 142) não comportam infidelidades nos lançamentos fiscais. (...)" (Acórdão nº 103-20.709, Recurso nº 110.506, sessão de julgamento realizada em 19 de setembro de 2001); "IRPF. Glosa de Livro Caixa. Lançamento. Nulidade. Em sendo o lançamento ato administrativo vinculado, a descrição do fato imponível,

A esse respeito, José Souto Maior Borges,[182] em brilhante estudo acerca do lançamento tributário, observa que

> Os defeitos dos atos jurídicos consistem na falta de elementos ou na presença de fatos que tornam deficientes os suportes fáticos e que, por isso, ingressam no mundo jurídico como atos jurídicos defeituosos. (...) A imperfeição ou incorreção do lançamento pode ser descrita como um vício que enferma sua elaboração. O lançamento vicioso é, nesses termos considerado, aquele que apresenta deficiências jurídicas.

No entanto, conforme apontado por Sergio André Rocha,[183] o antigo Conselho de Contribuintes do Ministério da Fazenda costumava apenas reconhecer a nulidade do Auto de Infração nas hipóteses em que as imperfeições formais tiveressem como consequência a impossibilidade do contribuinte impugnar as exigências fazendárias imputadas; e, se o autuado, a despeito do vício, conseguisse compreender a natureza da exigência e apresentar defesa em face da mesma, a nulidade do Auto de Infração não costuma ser reconhecida, uma vez que não configuraria cerceamento do seu direito de defesa.[184]

---

perfeitamente ajustada à hipótese legal de incidência, deve vir claramente enunciada para conhecimento do autuado, acima de qualquer dúvida razoável. A glosa de livro caixa, feita sem audiência do contribuinte, como faculta a lei (RIR/94, art. 79, § 1º), não exime a autoridade fiscal de fundamentar seu ato. (...) Preliminar acolhida". (Acórdão nº 106-11.008, Recurso nº 119.558, sessão de julgamento realizada em 20 de outubro de 1999); e "Nulidade. A falta de descrição precisa dos fatos que ensejam a exigência constitui cerceamento de defesa e provoca a nulidade do auto de infração. Preliminar acolhida". (Acórdão nº 108-05.734, Recurso nº 13.234, sessão de julgamento realizada em 13 de maio de 1999)

[182] BORGES, José Souto Maior. *Lançamento Tributário*. 2ª ed. São Paulo: Malheiros, 1999, p. 245/246.

[183] ROCHA, Sergio André. *Processo Administrativo Fiscal – Controle Administrativo do Lançamento Tributário*. 2ª ed. Rio de Janeiro: Lumen Juris, 2007, p. 285.

[184] A esse respeito, indicamos os seguintes Acórdãos, a saber: "Processo Administrativo Fiscal. Finsocial. Nulidades. Descrição dos Fatos. Princípio da Economia Processual. (...) A descrição dos fatos, ainda que incompleta, não enseja a decretação de sua nulidade, mesmo que se trate de elemento essencial tal como estabelece o art. 10, II, do Decreto nº 70.235/72, se não há prejuízo para a defesa e o ato cumpriu sua finalidade. O cerceamento do direito de defesa deve se verificar concretamente, e não apenas em tese. O exame da impugnação e do recurso voluntário evidencia a correta percepção do conteúdo e da motivação do lançamento. Aplicação do princípio da economia processual". (Acórdão nº 203-05.869, Recurso nº 101.421, sessão de julgamento realizada em 14 de setembro de 1999); "Nulidade do Auto de Infração por cerceamento do Direito de Defesa. Capitulação Legal e Descrição dos Fatos Incompleta. O auto de infração deverá conter, obrigatoriamente, entre outros requisitos formais, a capitulação e a descrição dos fatos. Somente a ausência total dessas formalidades é que implicará na invalidade do lançamento, por cerceamento do direito de defesa. Ademais, se o contribuinte revela conhecer plenamente as acusações que lhe foram imputadas, rebatendo-as, uma a uma, de forma meticulosa, mediante impugnação, abrangendo não só outras questões preliminares como também razões de mérito, descabe a proposição de nulidade do lançamento por cerceamento do direito de defesa". (Acórdão nº 104-17.279, Recurso nº 118.839, sessão de julgamento realizada em 7 de dezembro de 1999); e "Auto de Infração. Disposição Legal Infringida. O erro no enquadramento legal da infração cometida não acarreta a nulidade

Em consonância com nosso entendimento, o Tribunal de Impostos e Taxas da Secretaria dos Negócios da Fazenda do Estado de São Paulo manifestou postura jurídica[185] no sentido de declarar a nulidade do lançamento de ofício, tendo em vista que referido ato administrativo deve observar o princípio da tipicidade, de forma que reste evidenciada a correspondência entre o fato praticado e a descrição do respectivo dispositivo infringido.[186]

Em face das considerações alinhadas, embora tenhamos conhecimento acerca da existência de entendimento jurídico em sentido oposto, parece-nos que o Auto de Infração deverá ser caracterizado como nulo, porque desrespeitaria os princípios da legalidade, do contraditório, do devido processo legal, da eficiência administrativa e da motivação, quando restarem evidenciadas, ao menos, uma das seguintes hipóteses descritas a seguir:

i) descrição errônea do fato caracterizador da infração e das respectivas circunstâncias em que teria ocorrido, inclusive por intermédio de omissões ao período compreendido, valores envolvidos e documentos fiscais considerados;

ii) ausência de indicação expressa ou, ainda, indicação equivocada do dispositivo normativo considerado como infringido;

iii) erro na determinação do comando normativo relativo à penalidade cabível;

iv) ausência de relação lógica e jurídica entre (a) as provas que embasam a exigência fazendária; (b) a conclusão do procedimento de fiscalização; e (c) a descrição do fato caracterizador da infração; ou

---

do auto de infração, quando comprovado, pela judiciosa descrição dos fatos nele contida e a alentada impugnação apresentada pelo contribuinte contra as imputações que lhe foram feitas, que inocorreu preterição do direito de defesa". (Acórdão nº 103-13.567, publicado no *DOU* de 28 de maio de 1995)

[185] Processo DRT nº 02 776/99, Oitava Câmara Efetiva, Juiz Relator Sidney Gerson Riquetto, Voto de Vista do Juiz Antonio Augusto Silva Pereira de Carvalho, publicado no *Boletim do TIT* nº 375, de 9 de abril de 2005.

[186] Em sentido similar, foi proferido o seguinte Acórdão, a saber: "Nulidade do AIIM. Incompatibilidade entre a descrição do fato e a pretensa infração. Suscitada preliminar de nulidade. Provido o recurso. Decisão unânime. (...) Todavia, antes de adentrar no mérito, é de ser examinada a preliminar suscitada pela Recorrente de nulidade do lançamento. Nesse aspecto, o exame da acusação demonstra que o AIIM está imperfeito quanto ao enquadramento legal. Assim é de se acolher a preliminar. Realmente, a acusação aponta para infrações (...) nos termos da letra 'a' do inciso IV do artigo 592 do RICMS/91. (...) Desse modo, pela imprecisão da acusação – a multa estaria melhor enquadrada na letra 'c' do inciso I do art. 592 do RICMS/91 (...). E, não sendo possível a retificação da acusação nesta fase processual por haver completa e radical alteração do libelo, o que ofenderia o princípio processual dos limites subjetivos e objetivos da lide, não há como se manter o lançamento. Nestas condições, estando provado nos autos que a falta eventualmente cometida seria de outra natureza que aquela irrogada à Recorrente, é de se acolher a preliminar para decretar a insubsistência do lançamento. (...) Por essas razões dou provimento ao recurso para cancelar as exigências contidas no libelo vestibular. É como voto". (Processo DRTCIII nº 3480/95, Relator Juiz Oswanderley Alves Ataide, Quinta Câmara Especial, julgado em sessão de 4 de setembro de 1998)

v) inexistência de relação de pertinência entre um ou mais dos seguintes requisitos do Auto de Infração, a saber: (a) o relato da infração; (b) os dispositivos normativos considerados como infringidos pelo contribuinte autuado; e (c) a indicação do comando normativo relativo à penalidade cabível.

5.2.3. Ausência de apreciação de todos os argumentos do contribuinte e da Fazenda pelo julgador tributário

Conforme abordamos no Capítulo 2 deste trabalho, o princípio da motivação compreende a circunstância de que os atos praticados no decorrer do processo administrativo tributário (federal, estadual, distrital e municipal) somente estarão aptos à produção de efeitos jurídicos, na hipótese de encontrarem-se efetivamente fundamentados, por intermédio da demonstração clara, precisa e detalhada, das suas razões.

A esse respeito, o artigo 93, inciso X, da Constituição Federal de 1988, determina que "as decisões administrativas dos tribunais serão motivadas e em sessão pública, sendo as disciplinares tomadas pelo voto da maioria absoluta de seus membros".

É o que estabelece (i) a Lei nº 9.784, de 29 de janeiro de 1999,[187] que regula o processo administrativo no âmbito da Administração Pública Federal; (ii) a Lei Complementar nº 939, de 3 de abril de 2003,[188] que institui o Código de Direitos, Garantias e Obrigações do contribuinte no Estado de São Paulo; (iii) a Lei nº 13.457, de 18 de março de 2009, que dispõe sobre o processo administrativo tributário no Estado de São Paulo;[189] e (iv) a Lei nº 14.141, de 27 de março

---

[187] "Art. 2º A Administração Pública obedecerá, dentre outros, aos princípios da legalidade, finalidade, motivação, razoabilidade, proporcionalidade, moralidade, ampla defesa, contraditório, segurança jurídica, interesse público e eficiência. Parágrafo único. Nos processos administrativos serão observados, entre outros, os critérios de: (...) VII – indicação dos pressupostos de fato e de direito que determinarem a decisão; (...) Art. 50. Os atos administrativos deverão ser motivados, com indicação dos fatos e dos fundamentos jurídicos, quando: (...) V – decidam recursos administrativos; (...) § 1º A motivação deve ser explícita, clara e congruente, podendo consistir em declaração de concordância com fundamentos de anteriores pareceres, informações, decisões ou propostas, que, neste caso, serão parte integrante do ato. (...)"

[188] "Art. 8º A Administração Tributária atuará em obediência aos princípios da legalidade, impessoalidade, moralidade, publicidade, razoabilidade, finalidade, interesse público, eficiência e motivação dos atos administrativos. (...) Art. 12. No julgamento do contencioso administrativo-tributário, a decisão será fundamentada em seus aspectos de fato e de direito, sob pena de nulidade absoluta da decisão desfavorável ao contribuinte".

[189] "Art. 2º O processo administrativo tributário obedecerá, entre outros requisitos de validade, os princípios da publicidade, da economia, da motivação e da celeridade, assegurados o contraditório e a ampla defesa, com os meios e recursos a ela inerentes".

de 2006,[190] que disciplina o processo administrativo na Administração Pública do Município de São Paulo.

As decisões proferidas no âmbito do processo administrativo tributário devem ser devidamente fundamentadas e motivadas, de maneira que o contribuinte e a Fazenda se encontrem aptos a procederem conforme sua disposição ou, ainda, confrontá-la, sob pena de decretação de nulidade, na medida em que devem ter plena segurança acerca da legalidade de seus atos e sobre a sua consequente proteção jurídica.

Revela-se primordial, nesse sentido, a lição de José Eduardo Soares de Melo,[191] a saber:

> Conquanto a lide possa ser rica de fundamentos jurídicos, e encontrar-se amparada em farta documentação oferecida pelos litigantes, alguns julgadores singulares se têm pautado por comportamento lacunoso, utilizando-se o chavão seguinte: "analisadas as alegações do contribuinte, a manifestação do fisco e examinados os dispositivos regulamentares, julgo procedente o Auto de Infração".
>
> Os tribunais administrativos nem sempre primam pelo exame rigoroso das alegações expendidas na lide, cingindo-se à mera manutenção (ou insubsistência) do julgado recorrido, deixando de adentrar no específico exame das questões suscitadas, omitindo a referência a documentos, valores, etc.

A observância ao princípio da motivação no processo administrativo tributário, especialmente com relação às decisões proferidas, justifica-se pelas razões seguintes:

> i) o julgador tributário, ao motivar sua decisão, demonstra que tomou conhecimento dos elementos constantes do processo (alegações apresentadas pelas partes litigantes, provas carreadas aos autos etc.), apontando que a decisão proferida abordou, de forma irrestrita, todas as questões (fáticas e jurídicas) compreendidas nos autos;
>
> ii) como decorrência lógica do princípio da publicidade, a motivação permite que os atos praticados nos autos possam ser objeto de acompanhamento e de controle pelas partes litigantes de maneira geral; e

---

[190] "Art. 2º A Administração Pública obedecerá, dentre outros, aos princípios da primazia no atendimento ao interesse público, economicidade, eficiência, legalidade, motivação, razoabilidade, proporcionalidade, moralidade, impessoalidade e publicidade. Parágrafo único. O agente público administrativo observará na sua atuação, dentre outros, os seguintes princípios: (...) III – indicação dos pressupostos de fato e de direito que determinaram a decisão; (...) Art. 33. Uma vez concluída a instrução do processo administrativo, a autoridade competente deverá decidir no prazo de 15 (quinze) dias, permitida a prorrogação devidamente justificada. Parágrafo único. As decisões serão motivadas, com indicação dos fatos e fundamentos jurídicos".

[191] MELO, José Eduardo Soares de. *Processo Tributário Administrativo e Judicial*. 2ª ed. São Paulo: Quartier Latin, 2009, p. 68.

iii) para que se torne possível a interposição de peças recursais, mostra-se relevante a motivação da decisão proferida, de forma a demonstrar os fundamentos dos recursos, legitimidade, interesse recursal e admissibilidade.

Lídia Maria Lopes Rodrigues Ribas,[192] a propósito, assevera que a motivação não consiste simplesmente em apontar a fundamentação legal, pois, ao motivar, o julgador deve comprovar as razões de seu entendimento, demonstrando objetivamente os motivos do convencimento que determinaram a decisão.

Entendemos totalmente descabido, com a devida vênia, o entendimento contido em Acórdão proferido pelo Superior Tribunal de Justiça,[193] usualmente citado em decisões proferidas no âmbito do processo administrativo tributário, no sentido de que:

> O órgão judicial, para expressar a sua convicção, não precisa aduzir comentários sobre todos os argumentos levantados pelas partes. Sua fundamentação pode ser suscinta, pronunciando-se acerca do motivo que, por si só, achou suficiente para a composição do litígio.

Isso porque o julgador tributário, ao deixar de apreciar, de forma específica e individualizada, todos os argumentos de natureza fática e de mérito trazidos ao processo administrativo tributário (federal, estadual, distrital e municipal), tanto pelo Fisco quanto pelo contribuinte, incorrerá, em nosso sentir, em frontal desrespeito aos princípios da motivação, do contraditório, da ampla defesa e do devido processo legal, cerceando o direito de defesa da parte prejudicada, culminando na nulidade da decisão.

Adotando referida postura, Sergio André Rocha[194] observa que, para a validade da decisão proferida, em observância ao princípio da motivação, revela-se imperioso que sejam abordados todos os motivos que levaram o julgador tributário a decidir, de uma forma ou de outra, a dar prevalência a uma prova sobre outra.

Em virtude do entendimento de que a omissão de requisitos essenciais à decisão acaba por acarretar sua nulidade, o antigo Conselho de Contribuintes do Ministério da Fazenda (atual Conselho Administrativo de Recursos Fiscais – CARF) decidiu que,[195] *verbis:*

---

[192] RIBAS, Lídia Maria Lopes Rodrigues. *Processo Administrativo Tributário.* 3ª ed. São Paulo: Malheiros, 2008, p. 144/145.

[193] Agravo de Instrumento nº 169.073/SP, Primeira Turma, Agravo Regimental, Relator Ministro José Delgado, julgado em 4 de junho de 1998, publicado no *DJU* de 17 de agosto de 1998.

[194] ROCHA, Sergio André. *Processo Administrativo Fiscal – Controle Administrativo do Lançamento Tributário.* 2ª ed. Rio de Janeiro: Lumen Juris, 2007, p. 167/168.

[195] Acórdão nº 106-11.750, publicado no *DOU* de 5 de abril de 2001.

Preliminar. Nulidade do Lançamento por Cerceamento do Direito de Defesa. A ausência, nos autos, de descrição minuciosa dos fatos e, ainda, de demonstrativos hábeis a esclarecer o critério adotado para apurar o montante de "recursos" e "aplicações", consignados nos demonstrativos de acréscimo patrimonial a descoberto, além de cercear a garantia constitucional de ampla defesa, impedem o exame da matéria pela autoridade julgadora de segunda instância.

Por sua vez, o Tribunal de Impostos e Taxas da Secretaria dos Negócios da Fazenda do Estado de São Paulo, por meio das antigas Câmaras Reunidas, declarou a nulidade de decisões proferidas, por verificar que "a decisão atacada mostra-se desmotivada e (...) que a decisão recorrida não emitiu juízo explícito" acerca das alegações de defesa apresentadas pela parte.[196]

E, em razão do desrespeito ao princípio da motivação, referido Tribunal administrativo anulou decisão por entendê-la como "extremamente singela", constatando "total carência de análise da questão probatória e da questão jurídica envolvida (...) limitando-se a decisão revisanda à uma simples afirmação genérica, omitindo-se quanto à análise fática ou jurídica".[197]

O Conselho Municipal de Tributos de São Paulo, por intermédio da Decisão Paradigmática nº 1.000.603, proferida pela Segunda Câmara Julgadora Efetiva, reconheceu a invalidade de decisão proferida, determinando o retorno dos autos à instância de origem para que nova decisão fosse proferida, uma vez que as questões de mérito apresentadas pelo contribuinte em sua impugnação não foram apreciadas, considerando o direito de ver seus pleitos apreciados pela Administração Pública, principalmente aqueles que afetam diretamente seus direitos e seu patrimônio.

---

[196] Processo DRT nº 06 415145/2005, Câmaras Reunidas, Juiz Relator Gianpaulo Camilo Dringoli, sessão de julgamento realizada em 28 de fevereiro de 2008, publicada no *Diário Oficial do Estado de São Paulo* em 6 de março de 2008.

[197] Processo DRT nº 05 816/1994, Câmaras Reunidas, Juiz Relator Gianpaulo Camilo Dringoli, Juiz com Vista José Roberto Rosa, sessão de julgamento realizada em 23 de setembro de 2008, publicada no *DO do Estado de São Paulo* em 11 de outubro de 2008. O Tribunal de Impostos e Taxas da Secretaria dos Negócios da Fazenda do Estado de São Paulo manifestou idêntico entendimento nos acórdãos proferidos nos seguintes autos: Processo DRTCI nº 11324/97, Juiz Relator Antonio Carlos de Moura Campos, Câmaras Reunidas, julgado em sessão de 29 de maio de 2001, Ementário do TIT nº 2003, p. 214/215; Processo DRT nº 05 1370/94, Juiz-Relator Antonio Augusto Silva Pereira de Carvalho, Quinta Câmara Suplementar, julgado em sessão de 13 de outubro de 1998; Processo DRTCI nº 444423/05, Juiz-Relator Marco Gandelman, Câmaras Reunidas, julgado em sessão de 22 de janeiro de 2009; Processo DRTCIII nº 95504/02, Juiz-Relator Casimiro Moisés Rodrigues, Câmaras Reunidas, julgado em sessão de 13 de novembro de 2008.

5.2.4. Impossibilidade de saneamento das omissões, inexatidões, incorreções e irregularidades pelo julgador tributário

A legislação do processo administrativo tributário nos âmbitos federal,[198] estadual (Estado de São Paulo)[199] e municipal (Município de São Paulo)[200] disciplina o procedimento a ser observado quanto à correção dos erros contidos no lançamento de ofício, decorrentes da lavratura do Auto de Infração pela autoridade competente.

As omissões, as inexatidões, as incorreções e as irregularidades contidas no lançamento de ofício, nos termos das respectivas legislações de regência, podem implicar as seguintes consequências processuais, a saber:

---

[198] O Decreto nº 70.235, de 6 de março de 1972, acrescentado pela Lei Federal nº 8.748, de 9 de dezembro de 1993 determina que, *verbis:* "Art. 18. (...). § 3º Quando, em exames posteriores, diligências ou perícias, realizados no curso do processo, forem verificadas incorreções, omissões ou inexatidões de que resultem agravamento da exigência inicial, inovação ou alteração da fundamentação legal da exigência, será lavrado Auto de Infração ou emitida notificação de lançamento complementar, devolvendo-se ao sujeito passivo prazo para impugnação no concernente à matéria modificada".

[199] A Lei nº 13.457, de 18 de março de 2009, do Estado de São Paulo, estabelece que: "Art. 12. Os erros existentes no auto de infração poderão ser corrigidos pelo autuante, com anuência de seu superior imediato, ou por este, enquanto não apresentada defesa, cientificando-se o autuado e devolvendo-se-lhe o prazo para apresentação da defesa ou pagamento do débito fiscal com o desconto previsto em lei. Parágrafo único. Apresentada a defesa, as correções possíveis somente poderão ser efetuadas pelo órgão de julgamento ou por determinação deste. Art. 13. Estando o processo em fase de julgamento, os erros de fato e os de capitulação da infração ou da penalidade serão corrigidos pelo órgão de julgamento, de ofício ou em razão de defesa ou recurso, não sendo causa de decretação de nulidade. § 1º Quando da correção resultar penalidade de valor equivalente ou menos gravoso, será ressalvada ao interessado, expressamente, a possibilidade de efetuar o pagamento do débito fiscal no prazo de 30 (trinta) dias, contados da intimação, com desconto igual ao que poderia ter sido usufruído no decurso do prazo previsto para a apresentação da defesa. (...) Art. 14. O órgão de julgamento mandará suprir as irregularidades existentes no auto de infração, quando não puder efetuar a correção de ofício. § 1º As irregularidades que tiverem causado prejuízo a defesa, devidamente identificado e justificado, só acarretarão a nulidade dos atos que não puderem ser supridos ou retificados. § 2º Saneadas as irregularidades pela autoridade competente e tendo havido prejuízo à defesa, será devolvido ao autuado o prazo de 30 (trinta) dias para pagamento do débito fiscal com desconto previsto à época da lavratura do auto de infração, ou para apresentação da defesa, relativamente aos itens retificados".

[200] A Lei nº 14.107, de 12 de dezembro de 2005, do Município de São Paulo, estipula que, *verbis:* "Art. 14. Os erros existentes na notificação de lançamento e no auto de infração poderão ser corrigidos pelo órgão lançador ou pelo autuante, com anuência de seu superior imediato, enquanto não apresentada impugnação e não inscrito o crédito em dívida ativa, cientificando o sujeito passivo e devolvendo-lhe o prazo para apresentação da impugnação ou pagamento do débito fiscal com desconto previsto em lei. Parágrafo único. Apresentada a impugnação ou inscrito o crédito em dívida ativa, as correções possíveis somente poderão ser efetuadas pelo órgão de julgamento ou por determinação deste. Art. 15. Estando o processo em fase de julgamento, os erros de fato ou de direito serão corrigidos pelo órgão de julgamento, de ofício ou em razão de impugnação ou recurso, não sendo causa de decretação de nulidade".

i) na esfera do processo administrativo tributário federal: na hipótese de agravamento da exigência fazendária inicial, incorreção ou alteração da fundamentação legal da exigência imputada, deverá ser lavrado Auto de Infração distinto ou a emissão de Notificação de Lançamento complementar, devolvendo-se ao contribuinte autuado o prazo para impugnação no que concerne à matéria modificada;

ii) na esfera do processo administrativo tributário do Estado de São Paulo: enquanto não for apresentada defesa, os erros podem ser corrigidos pelo Agente Fiscal de Rendas com anuência de seu superior imediato, ou por este servidor público, cientificando-se o contribuinte autuado e devolvendo-lhe o prazo para apresentação de nova defesa ou para que promova o pagamento do débito fiscal com o desconto previsto em lei.

Na hipótese de ter sido apresentada a defesa, somente poderão ser efetuadas as correções pelo órgão de julgamento ou por intermédio de sua expressa determinação.

Quando o processo estiver em fase de julgamento, os erros de fato e os de capitulação da infração ou da penalidade serão corrigidos pelo órgão de julgamento, de ofício ou em razão de defesa ou recurso, não sendo causa de decretação de nulidade.

Ademais, o órgão de julgamento mandará suprir as irregularidades existentes no Auto de Infração, quando não puder efetuar a correção de ofício. As irregularidades que tiverem causado prejuízo à defesa, devidamente identificado e justificado, só acarretarão a nulidade dos atos que não puderem ser supridos ou retificados; e

iii) na esfera do processo administrativo tributário do Município de São Paulo: enquanto não tiver sido apresentada impugnação ou inscrição do crédito tributário na Dívida Ativa, a correção poderá ser promovida pelo órgão lançador ou pelo autuante, com anuência de seu superior imediato, cientificando o contribuinte autuado e devolvendo-lhe o prazo para apresentação de impugnação ou pagamento do débito fiscal com desconto previsto em lei.

Apresentada a impugnação ou inscrito o crédito tributário em Dívida Ativa, as correções possíveis somente poderão ser efetuadas pelo órgão de julgamento ou por determinação deste.

Na hipótese de o processo administrativo municipal (São Paulo) estar em fase de julgamento, os erros de fato ou de direito serão corrigidos pelo órgão de julgamento, de ofício ou em razão de impugnação ou recurso, não sendo causa de decretação de nulidade.

No entanto, a atribuição para que o julgador tributário determine ou promova o saneamento das omissões, inexatidões, incorreções e irregularidades, inclusive por meio do agravamento do lançamento de ofício, conforme apontado por Marcos Vinicius

Neder e Maria Teresa Martínez López,[201] compreende divergência no âmbito doutrinário, especialmente em face da "justificativa de que melhor seria a dissociação da figura da autoridade lançadora com a autoridade julgadora".[202]

Isso porque, embora as respectivas legislações de regência permitam que seja promovido ou, ainda, determinado o saneamento das omissões, inexatidões, incorreções e irregularidades pelos órgãos de julgamento, ressaltamos que o artigo 142 do Código Tributário Nacional, estabelece que:

> Compete privativamente à autoridade administrativa constituir o crédito tributário pelo lançamento, assim entendido o procedimento administrativo tendente a verificar a ocorrência do fato gerador da obrigação correspondente, determinar a matéria tributável, calcular o montante do tributo devido, identificar o sujeito passivo e, sendo caso, propor a aplicação da penalidade cabível.

O parágrafo único do artigo 142 do referido diploma legal, prevê que "a atividade administrativa de lançamento é vinculada e obrigatória, sob pena de responsabilidade funcional".

Assim, considerando que o Auto de Infração caracteriza autêntico lançamento tributário vinculado, tendo em vista que devem atender aos comandos previstos no artigo 142 do Código Tributário Nacional, exprimindo total e irrestrita obediência à prévia e objetiva tipificação legal, parece-nos que as omissões, as inexatidões, as incorreções e as irregularidades contidas no Auto de Infração devem, necessariamente, pressupor o reconhecimento da nulidade do lançamento de ofício, sendo indubitavelmente necessária a lavratura de novo Auto de Infração, mas jamais na possibilidade de que o julgador tributário promova ou, ainda, determine seu respectivo saneamento.

---

[201] NEDER, Marcos Vinicius; LÓPEZ, Maria Teresa Martínez. *Processo Administrativo Fiscal Federal Comentado*. São Paulo: Dialética, 2002, p. 212.

[202] Sobre esse aspecto, Mary Elbe Gomes Queiroz Maia observa que: "Apesar da doutrina acatar a possibilidade de que o julgador administrativo possa adotar a 'reformatio in pejus', cumpre esclarecer que, com a separação e distinção das competências das autoridades administrativas lançadoras e julgadoras (Lei n° 8.748/93), mister se faz que sejam respeitadas as respectivas atribuições, sob pena de usurpação de competência, no sentido de que os atos emanados por estas autoridades não sejam maculados com vícios de incompetência e tornem nulos os instrumentos por meio dos quais se exteriorizem. (...) Igualmente é inadmissível que seja alterada a base legal ou a matéria fática objeto do lançamento inicial, inclusive não poderá ser modificada a identificação da infração, pois tais hipóteses implicariam em substituição e, por consequência, em novo lançamento diverso daquele inicialmente objeto do processo fiscal em que se está exercendo o controle, para cuja atividade o órgão julgador é inteiramente carente de competência e que implicaria em flagrante violação dos direitos adquiridos e, especialmente, do direito de petição do contribuinte e da segurança jurídica". (MAIA, Mary Elbe Gomes Queiroz. *Do Lançamento Tributário – Execução e Controle*. São Paulo: Dialética, 1999, p. 162/163)

Comungamos do entendimento de José Eduardo Soares de Melo,[203] ao asseverar que:

> A regra de que "a revisão do lançamento só pode ser iniciada enquanto não extinto o direito da Fazenda Pública" (parágrafo único do art. 149, CTN) constitui reforço da diretriz de que não pode ser retificada a cobrança de tributo, se já tiver ocorrido o lapso decadencial.

Consideramos que, na fase de julgamento, deve ser examinada tão somente a legitimidade do lançamento de ofício decorrente da lavratura de Auto de Infração pela autoridade competente, especialmente no que tange à relação de pertinência entre seus respectivos elementos, a situação fática concreta atribuível ao sujeito passivo e o embasamento jurídico adotado, por meio da observância dos preceitos constitucionais e legalmente previstos.

Não há que se confundirem as "funções administrativa/executiva" (lançamento de ofício por intermédio da lavratura do Auto de Infração; diligências e providências pertinentes à retificação do lançamento de ofício) com a "função de julgamento" (decisão acerca da legitimidade do lançamento de ofício), uma vez que nos parece juridicamente impertinente a competência para julgar e, ao mesmo tempo, para promover eventuais correções decorrentes do lançamento de ofício.[204]

Somos, portanto, do entendimento de que ao julgador tributário somente competiria a função de decidir a lide processual administrativa, adotando uma das seguintes medidas, a saber: (i) manter integralmente o lançamento de ofício; (ii) manter parcialmente o lançamento de ofício; (iii) cancelar ou decretar a insubsistência do lançamento de ofício; (iv) converter o julgamento em diligência; ou (v) determinar a realização de perícia.

Em outras palavras, a competência do julgador tributário consiste, exclusivamente, em decidir a lide administrativa de natureza tributária, mas jamais em promover ou determinar que sejam promovidas correções, alterações ou modificações no lançamento de ofício, decorrentes de omissões, inexatidões, incorreções ou irregularidades, na medida em que compreendem típicas providências atinentes ao próprio lançamento de ofício.

---

[203] MELO, José Eduardo Soares de *Processo Tributário Administrativo e Judicial*. 2ª ed. São Paulo: Quartier Latin, 2009, p. 106.
[204] *Ibidem*, p. 126/127.

Ou seja, a função administrativa de promover o lançamento do crédito tributário não se confunde com a atividade administrativa de julgamento do processo administrativo tributário.

Portanto, reconhecemos que o julgador tributário não teria competência para promover a retificação das omissões, inexatidões, incorreções ou irregularidades contidas no lançamento de ofício, uma vez que referido ato administrativo compreende atividade privativa da autoridade lançadora competente, nos moldes do artigo 142 do Código Tributário Nacional. Caso contrário, além de não atender a um dos requisitos essenciais de validade do ato administrativo (sujeito e competência), significaria desrespeito ao princípio da legalidade e da segurança jurídica.

Entretanto, em que pese sustentarmos aludida argumentação, o extinto Conselho de Contribuintes do Ministério da Fazenda[205] e o Tribunal de Impostos e Taxas da Secretaria dos Negócios da Fazenda do Estado de São Paulo,[206] por inúmeras oportunidades, entenderam pela possibilidade de que o julgador tributário determinasse ou promovesse o saneamento das omissões, inexatidões, incorreções e irregularidades contidas no lançamento de ofício.

5.2.5. Decisões que extrapolam os limites do lançamento

No âmbito do processo administrativo tributário (federal, estadual, distrital e municipal), em diversas oportunidades, identificamos a existência de decisões proferidas pelos órgãos de julgamento que acabam por "inovar" os contornos do lançamento de ofício, o que, em nosso sentir, caracteriza vício processual insanável, impondo a necessidade de sua consequente anulação.

Ressaltamos que a questão sob análise, ainda que permita a identificação de similaridade ao assunto abordado no subitem 5.2.4., não compreende a impossibilidade do saneamento das omissões, inexatidões, incorreções e irregularidades contidas no lançamento de ofício pelo julgador tributário, mas sim de circunstância

---

[205] Acórdão nº 201-73.568, Recurso nº 103.973, julgado em sessão de 22 de fevereiro de 2000; Acórdão nº 103-20.074, Recurso nº 118.581, julgado em sessão de 19 de agosto de 1999; Acórdão nº 103-20.754, Recurso nº 125.219, julgado em sessão de 17 de outubro de 2001; Acórdão nº 107-06.463, Recurso nº 127.319, julgado em sessão de 7 de novembro de 2001; Acórdão nº 103-18.556, Recurso de Ofício nº 113.775, julgado em sessão de 16 de abril de 1997; e Acórdão nº 202-12.099, Recurso nº 108.507, julgado em sessão de 10 de maio de 2000.

[206] Processo DRT nº 07 374362/2005, Sexta Câmara Temporária, Relator Juiz Sergio Ricardo de Almeida, julgado em sessão de 21 de maio de 2008, publicado no *Diário Oficial do Estado de São Paulo* em 9 de agosto de 2008.

em que se identifica erro incorrido e decorrente da própria decisão proferida pelo órgão de julgamento.

Em tópico específico do presente trabalho, apontamos que acerca da motivação das decisões, o artigo 93, inciso X, da Constituição Federal de 1988, determina que "as decisões administrativas dos tribunais serão motivadas e em sessão pública, sendo as disciplinares tomadas pelo voto da maioria absoluta de seus membros".

Da mesma forma, conforme transcrevemos em tópico anterior, é o que estabelece (i) a Lei nº 9.784, de 29 de janeiro de 1999, que regula o processo administrativo no âmbito da Administração Pública federal; (ii) a Lei Complementar nº 939, de 3 de abril de 2003, que institui o Código de Direitos, Garantias e Obrigações do contribuinte no Estado de São Paulo; (iii) a Lei nº 13.457, de 18 de março de 2009, que dispõe sobre o processo administrativo tributário no Estado de São Paulo; e (iv) a Lei nº 14.141, de 27 de março de 2006, que disciplina o processo administrativo na Administração Pública do Município de São Paulo.

No que concerne à motivação das decisões proferidas no processo administrativo tributário, Lídia Maria Lopes Rodrigues Ribas[207] observa que:

> Para proferir a decisão a autoridade deve apreciar questões preliminares e de mérito, motivada pelas peças do processo, produzindo um relatório com os argumentos da impugnação e da defesa, os fundamentos ou razões (motivação) e a conclusão.
> (...)
> Em suma, o conteúdo da motivação compreende todo o itinerário cognoscitivo e valorativo do ato, qual seja: (a) o enunciado das escolhas do julgador com relação: (1) à individuação das normas aplicáveis; (2) à análise dos fatos; (3) à sua qualificação jurídica; (4) às consequências jurídicas desta decorrentes; (b) os nexos de implicação e coerência entre os enunciados.
> (...)
> A motivação decorre da legalidade e é necessária não apenas para as partes, mas também para que todos saibam como o julgador compreendeu os fatos à luz da lei e como concluiu. Ela mostra o exercício lógico-intelectual do julgador e sua submissão ao Estado de Direito e às garantias do contribuinte.

Logo, as decisões proferidas no âmbito do processo administrativo tributário devem ser devidamente fundamentadas e motivadas, de maneira que o contribuinte e a Fazenda se encontrem aptos a procederem conforme sua disposição ou, ainda, confrontá-la, sob

---

[207] RIBAS, Lídia Maria Lopes Rodrigues. *Processo Administrativo Tributário*. 3ª ed. São Paulo: Malheiros, 2008, p. 137, 145 e 146.

pena de decretação de nulidade, pois deve ter plena segurança acerca da legalidade de seus atos e sobre a sua consequente proteção jurídica.

Adicionalmente, observamos que o artigo 460 do Código de Processo Civil, fonte de aplicação subsidiária ao processo administrativo tributário, estabelece que "é defeso ao juiz proferir sentença, a favor do autor, de natureza diversa da pedida, bem como condenar o réu em quantidade superior ou em objeto diverso do que lhe foi demandado".

Nesse sentido, Vicente Greco Filho[208] pontifica que:

O limite objetivo da sentença é o pedido do autor que é o próprio objeto do processo (...). Não pode a sentença ser de natureza diversa do pedido, nem condenar o réu em quantidade superior ou objeto diverso do que lhe foi demandado. A sentença que julga além do pedido se diz *ultra petita*. (...) Deve existir, portanto, uma correspondência fiel entre o pedido do autor e o dispositivo da sentença.

Ao comentarem o comando normativo contido no artigo 460 do Código de Processo Civil, Marcos Vinícius Neder e Maria Teresa Martínez López[209] asseveram que:

No processo civil, a decisão dita *extra petita* é aquela que decide causa diferente da que foi posta à apreciação do órgão julgador, ou seja, recai sobre objeto diverso do demandado. Esta decisão é passível de anulação. (...) A autoridade está limitada a julgar nos termos do pedido formulado.

Entendemos que a motivação contida nas decisões proferidas na esfera do processo administrativo tributário (federal, estadual, distrital e municipal) deve ser explícita, clara e, principalmente, congruente à matéria fático-jurídica contemplada, tendo em vista que os limites da decisão encontram-se adstritos aos limites do lançamento de ofício, em nada podendo inovar.

Ademais, os dispositivos contidos na decisão devem contemplar os elementos intrínsecos ao lançamento de ofício (Auto de Infração), para que possa ser adequadamente objeto da interposição de peça recursal pela parte interessada (contribuinte e Fazenda).

O Tribunal de Impostos e Taxas da Secretaria dos Negócios da Fazenda do Estado de São Paulo, a propósito, acolheu a preliminar de nulidade suscitada pela parte interessada, para anular a decisão proferida, porque restou comprovado que esta inovou a acusação

---

[208] GRECO FILHO, Vicente. *Direito Processual Civil Brasileiro*. 2º vol. 14ª ed. São Paulo: Saraiva, 2000, p. 240.
[209] NEDER, Marcos Vinícius; LÓPEZ, Maria Teresa Martínez. *Processo Administrativo Fiscal Federal Comentado*. São Paulo: Dialética, 2002, p. 321/322.

fiscal, modificando o lançamento de ofício, ao alterar a pessoa jurídica eleita no Auto de Infração como responsável solidário para a condição de autuada.[210]

Esse mesmo Tribunal administrativo entendeu ter ocorrido nulidade processual decorrente de decisão proferida em primeira instância que alterou, sensivelmente, o enquadramento das infrações em dispositivos legais distintos daqueles contidos no lançamento de ofício, pois não havia sentido jurídico em imputar infrações a determinadas normas jurídicas no procedimento fiscal e condenar o contribuinte pelo descumprimento de outras normas jurídicas relativas a distinto enquadramento legal.[211]

Em face do exposto, entendemos ser nula a decisão proferida pelo órgão de julgamento que inova os contornos do lançamento de ofício, em razão do inquestionável desrespeito aos princípios da legalidade, do contraditório, da ampla defesa, do devido processo legal e da motivação, implicando o seu cancelamento, para que outra nova decisão seja proferida, nos limites da matéria fático-jurídica contemplada nos autos.

5.2.6. Impossibilidade de embasar lançamento em resposta da consultoria tributária a contribuinte distinto (efeito "inter partes" versus efeito "erga omnes")

No intuito de alcançar efetiva segurança jurídica acerca do alcance da legislação tributária, especificamente com relação aos procedimentos adotados e de forma que não se encontre sujeito a eventuais questionamentos fazendários, o contribuinte poderá formular Consulta Fiscal, por intermédio da qual obterá específica manifestação por parte da Administração Pública.[212]

No âmbito federal, observamos que a Consulta Fiscal encontra previsão nos artigos 46 a 58 do Decreto nº 70.235, de 6 de março de 1972; nos artigos 48 a 50 da Lei nº 9.430, de 27 de dezembro de 1996;

---

[210] Processo DRTC II nº 682813/2001, Câmaras Reunidas, Juiz Relator Gianpaulo Camilo Dringoli, publicado no *Diário Oficial do Estado de São Paulo* de 20 de junho de 2009, p. 45.

[211] Processo DRT nº 01 21624/1973, Oitava Câmara, sessão de julgamento realizada em 5 de dezembro de 1974.

[212] Ressaltamos que não compreende objeto do presente trabalho abordar questões atinentes à legitimidade para formulação da Consulta Fiscal, aos requisitos necessários a serem observados, competência para apreciação, requisitos para solução pela Administração Pública e efeitos gerais, limitando-nos, exclusivamente, a possibilidade de produção de efeitos com relação ao lançamento de ofício em face de terceiros.

e na Instrução Normativa da Secretaria da Receita Federal do Brasil nº 740, de 2 de maio de 2007.

No âmbito do Estado de São Paulo, a Consulta Fiscal está prevista nos artigos 104 a 107 da Lei nº 6.374, de 1º de março de 1989; e nos artigos 510 a 526 do Regulamento do ICMS do Estado de São Paulo (RICMS/SP), aprovado pelo Decreto nº 45.490, de 30 de novembro de 2000.

No âmbito do Município de São Paulo, a Consulta Fiscal encontra previsão nos artigos 73 a 78 da Lei nº 14.107, de 12 de dezembro de 2005.

No que concerne aos diversos efeitos da resposta à consulta, identifica-se a vinculação da Administração Pública, sendo oportuna a observação de Valdir de Oliveira Rocha,[213] em estudo clássico acerca do tema, no sentido de que, se assim não fosse, "tudo não passaria de mero aparato, incondizente com o ordenamento jurídico que põe como inviolável o direito à segurança (...) de que são termos o direito de petição e o devido processo administrativo", de forma que a Administração Pública se encontra plenamente vinculada ao entendimento exarado.

Não há dúvida, portanto, de que a resposta à consulta vincula a Administração Pública ao respectivo entendimento jurídico. No entanto, resta-nos apurar se, além do contribuinte consulente, aludida vinculação teria o condão de, da mesma forma, alcançar distintos contribuintes (terceiros) que não foram parte no procedimento administrativo da Consulta Fiscal, especialmente no que concerne à possibilidade de que o Fisco promova lançamento de ofício a determinado contribuinte (terceiro) com base em resposta à consulta relativa ao efetivo consulente.

Quanto aos efeitos da resposta à consulta – caráter *erga omnes* ou *inter partes* – observamos que, em decorrência do exame detido da legislação de regência,[214] apenas a Lei nº 6.374, de 1º de março de 1989, do Estado de São Paulo determina, de forma expressa, qual é o conteúdo de seu alcance, ao prever, no artigo 106, que "a resposta aproveita exclusivamente ao consulente, nos exatos termos da matéria de fato descrita na consulta".

---

[213] ROCHA, Valdir de Oliveira. *A Consulta Fiscal*. São Paulo: Dialética, 1996, p. 24.

[214] Decreto nº 70.235, de 6 de março de 1972, Lei nº 9.430, de 27 de dezembro de 1996 e Instrução Normativa da Secretaria da Receita Federal do Brasil nº 740, de 2 de maio de 2007 (federal); Lei nº 6.374, de 1º de março de 1989, Decreto nº 45.490, de 30 de novembro de 2000 (Estado de São Paulo); e Lei nº 14.107, de 12 de dezembro de 2005 (Município de São Paulo).

Valdir de Oliveira Rocha[215] posiciona-se no sentido de que a resposta à consulta "nem aproveita nem desaproveita a terceiros", pois, se os terceiros não participaram do processo administrativo de consulta, "possivelmente mostraram-se sem dúvida quanto ao enquadramento de sua situação de fato pela legislação tributária".

Francisco de Souza Mattos[216] observa que a resposta à consulta, ao criar situação jurídica para determinado consulente, em virtude da vinculação da Administração Pública, também alcança terceiros que se encontrem em situação idêntica a do consulente.

Por outro lado, comungamos do entendimento de Gilberto de Ulhôa Canto,[217] ao pontificar que "ao terceiro não deve aproveitar a consulta como pronunciamento vinculatório, mas apenas como jurisprudência, eis que o liame é, no caso, de caráter pessoal, e resulta da relação processual formada entre o fisco e o contribuinte, por provocação deste".

Isso porque a resposta à consulta apresenta efeito vinculante ao consulente, revelando o procedimento que, no entender da Administração Pública, deve ser observado em determinada relação jurídica tributária.

Hipoteticamente com relação a terceiros, nos termos do inciso III do artigo 100 do Código Tributário Nacional,[218] a resposta à consulta proferida pela Administração Pública apresenta efeito de mera interpretação acerca do entendimento jurídico do Fisco.

Ademais, acolhemos a precisa conclusão de Rubens Gomes de Sousa[219] ao observar que a vinculação atribuída à resposta à consulta, em razão dos seus próprios fundamentos, é circunscrita à relação estabelecida entre o Fisco e o contribuinte consulente, uma vez que referido entendimento administrativo não goza de presunção legal de conhecimento e respectiva aplicabilidade *erga omnes.*

---

[215] ROCHA, Valdir de Oliveira. *A Consulta Fiscal.* São Paulo: Dialética, 1996, p. 110/111.

[216] MATTOS, Francisco de Souza. "A Consulta Fiscal". *Revista dos Tribunais.* Vol. 205, São Paulo: RT, p. 36.

[217] CANTO, Gilberto de Ulhôa. "Consulta ao Fisco". *In:* SANTOS, J. M. de Carvalho. *Repertório Enciclopédico do Direito Brasileiro.* Vol. XII, p. 97/98.

[218] "Art. 100. São normas complementares das leis, dos tratados e das convenções internacionais e dos decretos: (...) III – as práticas reiteradamente observadas pelas autoridades administrativas; (...) Parágrafo único. A observância das normas referidas neste artigo exclui a imposição de penalidades, a cobrança de juros de mora e a atualização do valor monetário da base de cálculo do tributo".

[219] SOUZA, Rubens Gomes de. "Efeito Vinculatório das Decisões de Consultas". *Revista dos Tribunais.* Vol. 246. São Paulo: RT, p. 617/618.

Ressaltamos que o Tribunal de Justiça do Estado de São Paulo (TJSP) manifestou postura jurídica no sentido de que "a consulta tributária atinge apenas a esfera jurídica do solicitante, não gerando efeitos com relação a terceiros".[220]

No entanto, em diversas oportunidades, constatamos que o Fisco (federal, estadual, distrital e municipal) tem-se utilizado de entendimento jurídico contido em resposta à consulta expedida para determinado contribuinte (consulente), para promover lançamento de ofício, por meio da lavratura de Auto de Infração, em que exige o adimplemento de obrigação tributária perante terceiros.

A esse propósito, exemplificativamente, embasado em resposta à consulta proferida para o contribuinte "A" (consulente), em que restou firmado o entendimento acerca da impossibilidade de exclusão do ICMS de sua própria base de cálculo, o Fisco estadual promove lançamento de ofício em face de contribuinte "B" (terceiro), que teria adotado mencionado procedimento (promovido a exclusão do imposto na apuração de sua própria base de cálculo).

Nesse sentido, José Eduardo Soares de Melo[221] assevera que a vinculação da resposta à consulta é adstrita ao contribuinte consulente, ressaltando que a autoridade fazendária jamais poderá utilizá-la como fundamento para exigir o adimplemento de obrigação tributária de terceiro que não formulou a consulta.

Reconhecemos ser juridicamente descabido aludido procedimento, costumeiramente adotado pelo Fisco, pois (i) a resposta à consulta é circunscrita à relação estabelecida entre o Fisco e o contribuinte, atingindo apenas a esfera jurídica do consulente; (ii) o terceiro não está vinculado à resposta à consulta do contribuinte consulente; (iii) a resposta à consulta não possui aplicabilidade *erga omnes*, mas sim *inter partes*; e (iv) com relação a terceiros, a resposta à consulta proferida pela Administração Pública apresenta efeito de mera interpretação acerca do entendimento jurídico do Fisco, nos termos do artigo 100, inciso III do Código Tributário Nacional.

Ante as considerações apontadas, pensamos que o lançamento de ofício promovido pela utilização de entendimento jurídico contido em resposta à consulta expedida para determinado consulente (contribuinte "A"), em que exige o adimplemento de obrigação tributária perante terceiros (contribuinte "B"), caracteriza-se pela nu-

---

[220] Apelação Cível nº 714.677.5/8-00, Sexta Câmara de Direito Público, Relator Desembargador Carlos Eduardo Pachi, sessão de julgamento realizada em 4 de agosto de 2008.

[221] MELO, José Eduardo Soares de. *Processo Tributário Administrativo e Judicial*. 2ª ed. São Paulo: Quartier Latin, 2009, p. 24/27.

lidade, pois desrespeitaria os princípios da legalidade, moralidade administrativa, motivação e segurança jurídica.

5.2.7. Desrespeito à ordem legal de preferência para ciência do lançamento

Os dispositivos normativos relativos ao processo administrativo tributário (federal, estadual, distrital e municipal) determinam que o Auto de Infração, dentre outros requisitos, deverá conter, obrigatoriamente, as informações inerentes ao local, à data e à hora da lavratura; e a determinação da exigência fazendária e intimação ao contribuinte autuado para cumpri-la ou impugná-la nos prazos legalmente previstos.

A indicação da data da lavratura e a respectiva ciência pelo contribuinte autuado compreendem informações de extrema relevância, uma vez que (i) determinam o momento da exclusão da espontaneidade do contribuinte com relação aos limites da matéria compreendida na exigência fazendária, nos termos do artigo 138[222] do Código Tributário Nacional; (ii) a ineficácia da formulação de Consulta Fiscal; (iii) adesão a eventual Programa de Parcelamento Incentivado (PPI), Programa de Recuperação Fiscal (Refis) ou Parcelamento Especial (Paes); e (iv) o termo de início da contagem do prazo decadencial.[223]

Ademais, a indicação dos prazos para apresentação de Defesa ou para o cumprimento da exigência imputada objetiva conferir ao contribuinte autuado a faculdade de apresentar impugnação ou,

---

[222] "Art. 138. A responsabilidade é excluída pela denúncia espontânea da infração, acompanhada, se for o caso, do pagamento do tributo devido e dos juros de mora, ou do depósito da importância arbitrada pela autoridade administrativa, quando o montante do tributo dependa de apuração. Parágrafo único. Não se considera espontânea a denúncia apresentada após o início de qualquer procedimento administrativo ou medida de fiscalização, relacionados com a infração".

[223] O Código Tributário Nacional, aprovado pela Lei n° 5.172, de 25 de outubro de 1966, estabelece: "Art. 150. (...) § 4° Se a lei não fixar prazo à homologação, será ele de 5 (cinco) anos, a contar da ocorrência do fato gerador; expirado esse prazo sem que a Fazenda Pública se tenha pronunciado, considera-se homologado o lançamento e definitivamente extinto o crédito, salvo se comprovada a ocorrência de dolo, fraude ou simulação. (...) Art. 156. Extinguem o crédito tributário: (...) V – (...) a decadência. (...) Art. 173. O direito de a Fazenda Pública constituir o crédito tributário extingue-se após 5 (cinco) anos, contados: I – do primeiro dia do exercício seguinte àquele em que o lançamento poderia ter sido efetuado; II – da data em que se tornar definitiva a decisão que houver anulado, por vício formal, o lançamento anteriormente efetuado. Parágrafo único. O direito a que se refere este artigo extingue-se definitivamente com o decurso do prazo nele previsto, contado da data em que tenha sido iniciada a constituição do crédito tributário pela notificação, ao sujeito passivo, de qualquer medida preparatória indispensável ao lançamento".

ainda, de promover o recolhimento do débito fiscal com os respectivos descontos e reduções legalmente previstos.

Nos termos das respectivas legislações de regência, as intimações serão efetuadas (i) pessoalmente, mediante a ciência do contribuinte autuado, seu representante legal, mandatário ou preposto; ou (ii) por intermédio de correspondência registrada com aviso de recebimento enviada ao endereço informado ao órgão fazendário competente; ou (iii) por meio de publicação de Edital na Imprensa Oficial.

Especificamente com relação à intimação acerca da lavratura do Auto de Infração no âmbito do processo administrativo tributário do Estado de São Paulo, anteriormente à edição da Lei nº 13.457, de 18 de março de 2009,[224] a então vigente Lei nº 10.941, de 25 de outubro de 2001, em seu artigo 11, determinava que, *verbis:*

> Art. 11. As intimações serão feitas pessoalmente, ou por carta registrada com aviso de recebimento, ou por edital publicado no Diário Oficial do Estado.
>
> § 1º A intimação pessoal será feita mediante ciência do destinatário ou de seu representante habilitado.
>
> § 2º Havendo recusa quanto ao recebimento ou não estando presente para o ato o destinatário ou seu representante habilitado, a intimação será feita por carta registrada para o endereço por ele indicado, com aviso de recebimento, ou por edital.
>
> § 3º Quando a intimação for feita por edital, o interessado será cientificado da publicação mediante comunicação expedida por registro postal, salvo se não houver indicado o endereço.
>
> § 4º Considerar-se-á feita a intimação:
>
> 1. se pessoal, na data da respectiva ciência;
>
> 2. se por carta registrada, na data constante do aviso de recebimento;

---

[224] A Lei nº 13.457, de 18 de março de 2009, do Estado de São Paulo estabelece que, *verbis:* "Art. 8º As intimações dos atos processuais serão efetuadas de ofício e deverão conter o nome e a qualificação do intimado, a identificação do auto de infração e do processo, a indicação de sua finalidade, bem como do prazo e do local para o seu atendimento. Art. 9º As intimações de que trata o artigo 8º desta lei serão realizadas por meio de publicação no Diário Oficial do Estado, contendo o nome do autuado e do procurador devidamente constituído nos autos. § 1º As intimações poderão ser feitas por meio eletrônico, na forma do estabelecido no Título III desta lei e conforme dispuser a legislação. § 2º Valendo-se de critérios de oportunidade e conveniência, a Administração Pública poderá implementar as intimações de modo pessoal, que será feita mediante ciência do interessado ou de seu representante habilitado, ou por intermédio de carta registrada, com aviso de recebimento, expedida para o endereço indicado pelo interessado. § 3º Em se tratando de pessoa física ou firma individual sem advogado constituído nos autos, as intimações permanecerão sendo realizadas mediante ciência do interessado ou por carta registrada com aviso de recebimento, enquanto não ocorrer sua adesão ao processo eletrônico, nos termos do Título III desta lei. § 4º Considerar-se-á feita a intimação: 1 – se por edital, no quinto dia útil posterior ao da data de sua publicação; 2 – se por meio eletrônico, na forma do Título III desta lei; 3 – se pessoal, na data da respectiva ciência; 4 – se por carta registrada, na data constante do aviso de recebimento".

3. se por edital, no quinto dia útil posterior ao da data de sua publicação.

(...).

Portanto, a notificação inerente ao processo administrativo tributário do Estado de São Paulo, nos termos do diploma legal em referência (Lei nº 10.941, de 25 de outubro de 2001, do Estado de São Paulo), ocorreria (i) pessoalmente, na data da respectiva ciência; *ou* (ii) por carta registrada com aviso de recebimento, na data constante do aviso de recebimento; *ou* (iii) por Edital publicado no *Diário Oficial do Estado de São Paulo*, no quinto dia útil posterior à data de sua publicação.

Observamos, então, que, em decorrência da interpretação lógica e sistemática da Lei nº 10.941, de 25 de outubro de 2001, a "regra especial" era de que o contribuinte autuado seria notificado pessoalmente. Por seu turno, a "regra geral" compreenderia a notificação por intermédio de carta registrada e, posteriormente, de publicação do Edital no *Diário Oficial do Estado de São Paulo*.

No entanto, embora a legislação então vigente determinasse efetiva e inconteste ordem acerca das formas de intimação do contribuinte autuado, são inúmeros os processos administrativos tributários no Estado de São Paulo em que as autoridades fiscais promoveram a publicação da notificação da lavratura do Auto de Infração na Imprensa Oficial, mediante Edital, anteriormente à expedição de notificação ao contribuinte autuado por meio de correspondência registrada com aviso de recebimento.

Parece-nos, contudo, indubitável que as notificações devessem, obrigatoriamente, seguir o comando normativo contido no artigo 11 da Lei nº 10.941, de 25 de outubro de 2001 (pessoalmente, por carta registrada com aviso de recebimento e por Edital publicado no *Diário Oficial do Estado*), respeitando aludida ordem de preferência estabelecida pelo legislador ordinário paulista; caso contrário, o processo administrativo tributário estaria gravado pela nulidade, em razão da desobediência aos princípios da legalidade, da eficiência administrativa, do devido processo legal e da segurança jurídica.

Isso porque, se a ordem de preferência estabelecida pelo artigo 11 da Lei nº 10.941, de 25 de outubro de 2001, não devesse ser necessariamente respeitada, o legislador deveria ter determinado a faculdade de sua aplicação (discricionariedade), de forma expressa, como ocorre no processo administrativo tributário no âmbito federal, nos termos do artigo 23, § 3º, do Decreto nº 70.235, de 6 de março de 1972, com a redação inserida pela Lei nº 11.196, de 21 de novembro de 2005, *verbis:*

> Art. 23. Far-se-á a intimação:
>
> I – pessoal, pelo autor do procedimento ou por agente do órgão preparador, na repartição ou fora dela, provada com a assinatura do sujeito passivo, seu mandatário ou preposto, ou, no caso de recusa, com a declaração escrita de quem o intimar;
>
> II – por via postal, telegráfica ou por qualquer outro meio ou via com prova de recebimento no domicílio tributário eleito pelo sujeito passivo;
>
> III – por meio eletrônico, com prova de recebimento, mediante:
>
> (...)
>
> § 3º Os meios de intimação previstos nos incisos do *caput* deste artigo não estão sujeitos a ordem de preferência.
>
> (...).

Nesse mesmo sentido, a Lei nº 14.107, de 12 de dezembro de 2005, que disciplina o processo administrativo tributário no âmbito do Município de São Paulo, ao tratar das intimações, assevera que, *verbis:*

> Art. 2º (...)
>
> (...)
>
> § 1º O sujeito passivo será cientificado por um dos seguintes meios:
>
> I – pessoalmente, ao próprio sujeito passivo, a seu representante, mandatário ou preposto;
>
> II – por via postal, com aviso de recebimento, a ser datado, firmado e devolvido pelo destinatário ou pessoa de seu domicílio;
>
> III – por meio eletrônico, consoante disposto em regulamento;
>
> IV – por edital, publicado no Diário Oficial da Cidade, quando improfícuo qualquer dos meios previstos nos incisos anteriores.
>
> § 2º Os meios de intimação previstos nos incisos I, II e III do § 1º não estão sujeitos a ordem de preferência.

Em face do exposto, as autoridades fazendárias do Estado de São Paulo, ao notificarem o contribuinte acerca da lavratura de Auto de Infração por meio da publicação de Edital na Imprensa Oficial, anteriormente à tentativa de intimação pessoal ou mediante expedição de correspondência com aviso de recebimento, desrespeitariam a ordem de preferência estabelecida no artigo 11 da Lei nº 10.941, de 25 de outubro de 2001.

Em virtude da adoção do referido procedimento, entendemos ocorrer nulidade processual insanável, pois o desrespeito à ordem legal de preferência implicaria cerceamento do direito de defesa do contribuinte autuado.

Comungamos, nesse sentido, da assertiva de que

> O processo é forma. As formas do processo são os meios necessários para que, no caso, faça-se justiça fiscal. Evidentemente, não devemos fazer do processo o fim em si mesmo, pois estaríamos trazendo interrupções na celeridade, no andamento do processo, e desta forma, não teríamos acesso à própria justiça. (...) Não houve juntada de qualquer comprovante de recebimento, ou mesmo o recibo do AR enviado pelo Correio (...). Patente o cerceamento de defesa (...) vício que ganha relevância por tratar-se de nulidade insanável.[225]

Adicionalmente, parece-nos juridicamente impossível alegar que a publicação da notificação da lavratura do Auto de Infração por Edital na Imprensa Oficial teria o condão de superar mencionada nulidade processual, pois não se pode esperar que todas as pessoas físicas e jurídicas, na qualidade de eventuais contribuintes e/ou responsáveis dos tributos previstos no ordenamento jurídico pátrio (IRPJ, IRPF, CSLL, IPI, II, IE, ITR, PIS, COFINS, ICMS, IPVA, ITCMD, ISS, ITBI, IPTU etc.) acompanhem, diariamente, a leitura do *Diário Oficial da União,* do *Diário Oficial dos Estados da Federação* e do *Diário Oficial das Municipalidades,* o que seria totalmente desprovido de senso comum.

Embora o Tribunal de Impostos e Taxas da Secretaria dos Negócios da Fazenda do Estado de São Paulo tenha manifestado, por inúmeras oportunidades, entendimento no sentido ora sustentado,[226] recentemente foi proferido Acórdão que afastou a ocorrência da nulidade da intimação decorrente da publicação de Edital na Imprensa Oficial, anteriormente à intimação pessoal ou expedição de correspondência registrada com aviso de recebimento.[227]

5.2.8. Violação ao princípio da não cumulatividade no lançamento

No que concerne ao Imposto sobre Produtos Industrializados (IPI), o inciso II do § 3º do artigo 153 da Constituição Federal de 1988 estabelece que referido imposto "será não cumulativo, com-

---

[225] Processo DRT nº 05 5841/1993, Sexta Câmara Especial, Relator Juiz José Marcio Rielli, sessão de julgamento realizada em 22 de março de 1995, Ementário do TIT de 1997.

[226] Processo DRT nº 01 20235/1979, Primeira Câmara, Relator Juiz José Manoel da Silva, sessão de julgamento realizada em 17 de dezembro de 1980, publicada no Ementário do TIT de 1981; Processo DRT nº 01 13669/1974, Segunda Câmara, Relator Juiz Carlos Eduardo Duprat, sessão de julgamento realizada em 20 de março de 1978, publicada no Ementário do TIT de 1979; e Processo DRT nº 08 4372/1977, Terceira Câmara, Relator Juiz Dirceu Pereira, sessão de julgamento realizda em 7 de julho de 1978, publicada no Ementário do TIT de 1979.

[227] Processo DRTC III nº 479.326/2005, Primeira Câmara Temporária, Juíza com Vista Suely Margonato Ribeiro Galerani, sessão de julgamento realizada em 11 de julho de 2008.

pensando-se o que for devido em cada operação com o montante cobrado nas anteriores".

No que se refere ao Imposto sobre Operações Relativas à Circulação de Mercadorias e sobre Prestações de Serviços de Transporte Interestadual, Intermunicipal e de Comunicações (ICMS), o Texto Constitucional de 1988, em seu artigo 155, § 2°, inciso I, determina que o gravame estadual "será não cumulativo, compensando-se o que for devido em cada operação relativa à circulação de mercadorias ou prestação de serviços com o montante cobrado nas anteriores pelo mesmo ou outro Estado ou pelo Distrito Federal".

Quanto ao ICMS, as alíneas "a" e "b" do inciso II do § 2° do artigo 155 da Carta Constitucional de 1988, advertem que "isenção ou não incidência, salvo determinação em contrário da legislação (...) não implicará crédito para compensação com o montante devido nas operações ou prestações seguintes; acarretará a anulação do crédito relativo às operações anteriores".

Dessa forma, o princípio da não cumulatividade aplicável ao IPI e ao ICMS pressupõe, basicamente, a compensação de "créditos" com "débitos" do imposto, gerados em um determinado período de apuração (no caso do IPI e do ICMS, atualmente, mensal).

Ou seja, o princípio da não cumulatividade do IPI e do ICMS é operacionalizado por intermédio da compensação dos créditos do imposto com débitos desse mesmo imposto, numa espécie de conta-corrente fiscal gráfica.

Comungamos do entendimento doutrinário no sentido de que:

A cláusula da "não-cumulatividade" não consubstancia mera norma programática, nem traduz recomendação, sequer apresenta cunho didático ou ilustrativo, caracterizando-se, na realidade "diretriz constitucional imperativa". (...) Assim, já se pode asseverar ser inadmissível a inobservância do comando constitucional, tanto no lançamento do ICMS (operações realizadas e serviços prestados), quanto na escrituração do crédito (aquisição de bens e serviços).[228]

Especificamente com relação ao ICMS, o artigo 155, inciso XII, alínea "c", da Carta Política de 1988, atribuiu à legislação complementar[229] a competência para disciplinar o regime de compensação do ICMS; no entanto, entendemos que aludida atribuição não pode resultar em quaisquer restrições, mitigações ou limitações ao direi-

---
[228] MELO, José Eduardo Soares de. *ICMS Teoria e Prática*. 11ª ed. São Paulo: Dialética, 2009, p. 272.
[229] No caso, a Lei Complementar nº 87, de 13 de setembro de 1996, com as alterações introduzidas pela Lei Complementar nº 102, de 11 de setembro de 2000.

to de aproveitamento dos créditos do ICMS incidente nas anteriores operações e prestações realizadas.

Assim, aos Convênios ICM/ICMS e às leis complementares restou, tão somente, disciplinar a aplicação da sistemática da não cumulatividade, por intermédio da prescrição das normas reguladoras do procedimento de compensação. Isso porque o direito ao aproveitamento dos créditos do ICMS é irrestrito, não admitindo quaisquer vedações, salvo nos casos de "isenção" e de "não incidência", devidamente previstos na Carta Constitucional de 1988.

Em outras palavras, ante o comando normativo contido no artigo 155, inciso XII, alínea "c", da Constituição Federal de 1988, consideramos que a legislação complementar não se encontra possibilitada em promover qualquer determinação ou especificação de bens, produtos, mercadorias e serviços que confiram ou, ainda, que impeçam o direito aos créditos do ICMS, tendo em vista que o legislador infraconstitucional deve, necessariamente, obedecer aos superiores comandos e aos princípios constitucionais.

É patente que qualquer restrição ao aproveitamento dos créditos do ICMS, ou melhor, ao princípio constitucional da não cumulatividade somente pode decorrer do próprio Texto Constitucional de 1988. Convém frisar que nem mesmo a lei complementar se encontra apta a criar obstáculos, empecilhos ou, ainda, vedações de matéria exaustivamente disciplinada pela Constituição Federal de 1988.

Roque Antonio Carrazza[230] adverte, nesse sentido, que, ao disciplinar o regime de compensação do ICMS, a lei complementar não poderá interferir no alcance e no conteúdo da não cumulatividade, limitando-se a operacionalizar o sistema de escrituração do imposto (constituição, registro e crédito do ICMS), jamais sendo-lhe permitida a vedação a apropriação ao aproveitamento de créditos.

Portanto, asseveramos que disciplinar a não cumulatividade representa, tão somente, fixar os elementos necessários à operacionalização desse regime constitucional de compensação e de abatimento dos valores tributários (documentos fiscais de apuração, alocação aos estabelecimentos do contribuinte, sistemática de transferências etc.).

Destarte, qualquer dispositivo legal de hierarquia inferior ao Texto Constitucional de 1988 (Lei Complementar, Lei Ordinária, Convênio, Decreto, Portaria, dentre outros) que vede ou condicione o exercício do princípio da não cumulatividade do ICMS e, conse-

---

[230] CARRAZZA, Roque Antonio. *ICMS*. 13ª ed. São Paulo: Malheiros, 2009, p. 389/390.

quentemente, o direito ao aproveitamento dos respectivos créditos, salvo as exceções constitucionais (isenção ou não incidência), padeceria de vício de inconstitucionalidade.

Reiteramos nosso entendimento no sentido de que, mediante as operações de aquisição de bens, surge para o contribuinte, em regra, o direito ao princípio da não cumulatividade, por meio do aproveitamento dos créditos do IPI e do ICMS.

Observamos que o contribuinte do IPI e do ICMS operacionaliza a não cumulatividade por intermédio da adoção do seguinte procedimento: (i) escritura as prestações e as operações de aquisição no livro registro de entradas, creditando-se do respectivo valor do imposto incidente; (ii) registra as prestações e as operações de saída no livro registro de saída; (iii) ao final do mês, transfere o somatório dos valores creditados e debitados para o livro registro de apuração; e (iv) informa ao Fisco federal e estadual o resultado do confronto entre os créditos e os débitos do imposto, com a entrega da Guia de Informação e Apuração do ICMS (GIA) e da Declaração de Contribuições e Tributos Federais (DCTF).

Na hipótese de o valor dos débitos ser maior que o valor dos créditos no período mensal de apuração, em regra, o contribuinte apura imposto a recolher. Por outro lado, se, em decorrência do aludido confronto, o valor dos créditos for superior ao valor dos débitos, o contribuinte apurará saldo credor que será transferido e apurado no período mensal de apuração subsequente.

Mantidos referidos esclarecimentos, resta-nos saber se, diante da apuração de irregularidade à legislação tributária praticada pelo contribuinte, relativa (i) à falta de pagamento; (ii) ao recolhimento a menor; ou (iii) ao aproveitamento indevido de créditos dos impostos em referência, poderia a autoridade fazendária, nos termos do artigo 142 do Código Tributário Nacional, aprovado pela Lei nº 5.172, de 25 de outubro de 1966, promover o lançamento de ofício, por meio da lavratura do Auto de Infração, na hipótese em que o contribuinte apresenta saldo credor em sua escrituração fiscal.

Entendemos não haver dúvida de que, se o Fisco comprova a prática de conduta irregular pelo contribuinte, resta configurada a infração à legislação tributária, sendo juridicamente descabida a determinação de causa de sua exclusão em virtude da existência de saldo credor na escrituração do contribuinte, uma vez que não encontramos na legislação de regência, comando normativo que permita eximir o contribuinte da prática infracional em face da circunstância de possuir saldo credor.

Por outro lado, embora a autoridade fazendária tenha demonstrado a prática de conduta infracional, não nos parece possível, do ponto de vista lógico e jurídico, que seja promovido lançamento de ofício quando o contribuinte apura saldo credor em sua escrituração fiscal.

Ainda que o contribuinte tenha (i) deixado de recolher o imposto; (ii) recolhido o imposto em quantia inferior àquela apontada pela fiscalização tributária; ou (iii) promovido o aproveitamento de créditos do imposto em hipóteses não previstas legalmente, considerando que apresenta saldo credor desse mesmo imposto, deveria ser conferida a possibilidade de promover a compensação dos referidos valores, numa espécie de "encontro de contas" entre (i) o valor devido que fora apurado pelo Fisco; e (ii) o valor do saldo credor que possui em face do próprio Estado.

A esse respeito, o Código Civil brasileiro, aprovado pela Lei nº 10.406, de 10 de janeiro de 2002, reserva em seu Capítulo VII (artigos 368 a 380), disposições específicas acerca do instituto da compensação.

Orlando Gomes[231] asseverava, nesse sentido, que

> se as pessoas podem ter dívidas recíprocas. O fato não teria maior significado, se a lei não determinasse, ou permitisse, o encontro dessas dívidas, com o fim de extinguí-las, até a concorrente quantia. A esse modo de extinção dos créditos chama-se compensação. (...) A compensação *ipso jure* visa a eliminar um circuito inútil. Se devo a alguém que me deve, não há motivo para exigir duas operações de pagamento. Na hipótese mais simples, pagaria ao meu devedor e, como este é, ao mesmo tempo, meu devedor, me restituiria o que de mim recebera. Verificar-se-ia, desse modo, dupla transferência de bens, perfeitamente dispensável.

Ao abordar os efeitos e as formas de extinção das obrigações, Maria Helena Diniz,[232] por sua vez, pontifica que a compensação

> (...) seria um meio especial da extinção de obrigações, até onde se equivalerem, entre pessoas que são, ao mesmo tempo, devedoras e credoras uma da outra. Seria a compensação o desconto de um débito a outro ou a operação de mútua quitação entre credores recíprocos.

Destarte, conforme se depreende do Código Civil brasileiro (artigos 368 a 380 da Lei nº 10.406, de 10 de janeiro de 2002), a figura da compensação compreende, em síntese, a extinção das obrigações entre pessoas que se apresentam nas modalidades de credoras e de devedoras, reciprocamente, com relação às dívidas e aos créditos.

---

[231] GOMES, Orlando. *Obrigações*. 16ª ed. Rio de Janeiro: Forense, 2004, p. 153.
[232] DINIZ, Maria Helena. *Curso de Direito Civil Brasileiro – Teoria Geral das Obrigações*. 2º vol. 17ª ed. São Paulo: Saraiva, 2003, p. 301.

Em outras palavras, a compensação tem por finalidade, apuradas as existências de créditos e de débitos entre titulares distintos (credor e devedor), extinguir referidas obrigações (ativas e passivas) mediante o denominado "encontro de contas".

A compensação parte da fundamental premissa de que a pessoa do devedor seja titular do "contra-crédito", uma vez que compreende a circunstância bilateral da dívida e do crédito. Assim, consiste, basicamente, no desaparecimento (extinção) de obrigações recíprocas entre as mesmas partes (credor e devedor).

Cumpre observar que, se crédito e débito se apresentam de forma idêntica (mesmos valores), estaremos diante de "extinção total"; ao passo que, se crédito e débito configuram valores distintos, se opera a "extinção parcial" das obrigações.

Adicionalmente, observamos que a compensação significa a liberação das obrigações dos credores e dos devedores e interrompe a aplicação dos juros moratórios.

José Eduardo Soares de Melo[233] observa que a compensação, ao revelar utilidade significativa, encontra fundamento na justiça e na equidade, tendo por finalidade implícita evitar inúmeras providências administrativas e demandas judiciais, sendo inquestionável a vantagem decorrente da sua adoção, uma vez que diversas transações se entrecruzam em sentidos diversos, de forma que se evitam inúmeras complicações e ônus em virtude da simples amortização dos créditos recíprocos.

Em face do exposto, entendemos que a identificação da prática de conduta infracional por contribuinte que apura saldo credor em sua escrituração fiscal não possibilitaria o lançamento de ofício pela autoridade administrativa, permitindo que o valor do imposto apurado pelo Fisco, ao invés de ser exigido por intermédio da lavratura de Auto de Infração (em que, inclusive, são exigidas as demais cominações legais), possa ser objeto de compensação com o valor do saldo credor existente.

No entanto, caso a autoridade fazendária, ainda assim, promova o lançamento de ofício, sem considerar a existência de saldo credor e a possibilidade de sua compensação, entendemos que o Auto de Infração lavrado se encontraria maculado pela nulidade, pois desrespeitaria os princípios da legalidade, da eficiência administra-

---

[233] MELO, José Eduardo Soares de. *Curso de Direito Tributário*. 9ª ed. São Paulo: Dialética, 2010, p. 382.

tiva, da proporcionalidade e do interesse público, da motivação e da segurança jurídica.

O Tribunal de Impostos e Taxas da Secretaria dos Negócios da Fazenda do Estado de São Paulo, a propósito, embora compreenda entendimento minoritário, manifestou postura jurídica no sentido de que

> A apropriação da correção monetária de crédito legítimo implicou aumento do saldo credor já existente à época da lavratura do auto de infração (...). Dessa forma, entendo que ao montante exigido correspondente à correção monetária deve ser abatido do saldo credor, mas não implicar pagamento de imposto que pretensamente não teria sido recolhido.[234]

5.2.9. Incompetência do órgão julgador

No âmbito do Estado de São Paulo, o então vigente artigo 40 da Lei nº 10.941, de 25 de outubro de 2001, determinava que as Unidades de Julgamento de Pequenos Débitos (UJPDs) julgariam preferencialmente os processos nos quais o débito fiscal exigido (assim entendido como a soma dos valores correspondentes ao imposto, multa, atualização monetária e juros de mora), tivesse valor que não excedesse ao equivalente a 2.000 Unidades Fiscais do Estado de São Paulo (Ufesps). Estabelecia ainda, em seu artigo 33, que de suas Decisões poderia o contribuinte-autuado interpor uma só vez Recurso Voluntário dirigido ao mesmo órgão de julgamento que a proferiu, sendo decidido pela autoridade imediatamente superior àquela que houver proferido a Decisão recorrida.

Neste sentido, o Decreto Estadual nº 46.674, de 9 de abril de 2002, que regulamentava o processo administrativo tributário no âmbito do Estado de São Paulo, repetia, em seu artigo 18, os termos do artigo 40, § 4º, da mencionada Lei nº 10.941, de 25 de outubro de 2001, acrescentando no seu artigo 19 que "as atribuições relativas às UJPDs poderão ser conferidas às Unidades de julgamento, por ato do Delegado Tributário de Julgamento".

---

[234] Processo DRTC II nº 8801/1997, Sexta Câmara Efetiva, Juiz Relator Raphael Zulli Neto, Juiz com Vista Júlio Maria de Oliveira, sessão de julgamento realizada em 27 de janeiro de 2005, publicada no DO em 26 de fevereiro de 2005. Em sentido similar, fora asseverado que "Crédito Indevido. Insubsistente acusação fiscal, baseada em mera irregularidade escritural. Ausência de prejuízo ao Erário estadual, pela constância dos saldos credores, apurados mês a mês. Provido o recurso. (...) mormente se, como ocorre no caso em apreço, inexistiria imposto a recolher, pela constância dos saldos credores apurados mês a mês". (Processo DRT nº 01 10455/1989, Quarta Câmara Especial, Juiz Relator Durlec Dias Conrado, sessão de julgamento realizada em 31 de julho de 1992, publicada no *Boletim do TIT* nº 272, de 30 de janeiro de 1993)

Dessa forma, ao regulamentar e pretender uniformizar a aplicação da lei pela Administração Pública, o mencionado Decreto nº 46.674/2002 permitiu que as Unidades de Julgamento assumissem as atribuições das UJPDs, mas nunca o contrário. Assim, inexistindo autorização expressa que permitisse às UJPDs assumirem as atribuições das Unidades de Julgamentos, inúmeras Decisões teriam sido proferidas por autoridades administrativas incompetentes para a prática dos mencionados atos, sendo que o contribuinte teria o direito de ser julgado pela Unidade de Julgamento.

Na data da lavratura de diversos Autos de Infração e Imposição de Multas (AIIMs), considerando o valor unitário da Ufesps, inúmeras exigências fazendárias representavam montantes tributários incomensuravelmente superiores às 2.000 Ufesps, por conseguinte, estes processos administrativos tributários não poderiam ser decididos pelas UJPDs.

Acerca da temática sob exame, o Tribunal de Impostos e Taxas da Secretaria dos Negócios da Fazenda do Estado de São Paulo manifestou inúmeros julgados, em sua maioria desfavorável a presente argumentação (exemplificativamente, citamos o Acórdão proferido nos autos do Processo DRT nº 10 82.295/2002, Segunda Câmara Temporária, sessão de julgamento de 8 de outubro de 2004, publicada no Ementário TIT nº 2004/2005, fls. 157/163), tendo sido esta a postura de sua Câmara Superior.

No entanto, não podemos deixar de observar Acórdão unânime proferido nos autos do Processo DRT nº 06 382.461/2001, em sessão de julgamento realizada pela Quinta Câmara Temporária (publicada no Ementário TIT nº 2004/2005, fls. 172/173), que reconheceu a anulabilidade da Decisão recorrida exarada em sede de Primeira Instância administrativa, determinando que nova Decisão fosse proferida.

Conclusões

Em face das considerações apontadas neste trabalho, apresentamos as seguintes conclusões:

1. A Constituição Federal de 1988 e o Código Tributário Nacional asseguram ao contribuinte o processo administrativo tributário, como instrumento de ajuste das relações jurídico-tributárias, devidamente pautado pela ampla defesa e pelo contraditório, sendo vedadas quaisquer limitações às impugnações, recursos e aos meios necessários para que se torne possível o exercício dos direitos do contribuinte de forma irrestrita e incondicional.

2. A necessidade e a relevância do processo administrativo tributário fundam-se, sinteticamente, nos aspectos seguintes: controle de legalidade do lançamento; suspensão da exigibilidade do crédito tributário; verificação dos presumidos requisitos de liquidez e de certeza do crédito tributário; possibilidade do exercício da autotutela dos atos administrativos; respeito aos princípios do contraditório, da ampla defesa, do devido processo legal, da legalidade, da eficiência, do interesse público, do direito de petição, da razoabilidade e da duplicidade de instância; consubstanciando a indispensável segurança jurídica.

3. Os princípios têm por escopo zelar e garantir a aplicação e a efetividade dos demais postulados que regulam o Direito, delimitando a atuação da Administração Pública; assegurando a participação de julgadores que tenham conhecimento técnico e jurídico, conferindo maior possibilidade de ser promovida a almejada "justiça fiscal"; permitindo a busca da verdade material mediante a violação das provas. Esses procedimentos evitarão que sejam constituídos créditos desprovidos do devido embasamento (fático e jurídico), para que a Fazenda Pública não sofra o ônus da sucumbência no âmbito judicial; bem como possibilitando ao contribuinte optar pela adesão a eventual parcelamento especial, anistia, remissão e

demais instrumentos que viabilizem a extinção do crédito tributário.

4. O sistema jurídico apresenta rigidez em sua hierarquia normativa, de forma que as normas jurídicas inferiores encontram fundamento de validade nas normas jurídicas superiores até que se alcance o Texto Constitucional, de maneira que a unidade do ordenamento deriva da relação de interdependência e irradiação dos efeitos decorrentes das aludidas normas jurídicas.

5. Os princípios compreendem mandamentos obrigatórios a serem seguidos de forma irrestrita, comandos imperativos que devem ser respeitados por todo e qualquer operador do Direito, premissas fundamentais que não admitem quaisquer fracionamentos ou mitigações, sendo que a violação de determinado princípio se apresenta com maior gravidade à transgressão de uma regra, resultando em graves consequências ao sistema jurídico.

6. O sistema processual revela princípios que conferem relação de segurança e de equilíbrio às partes litigantes (Fisco e contribuintes), de forma que seja garantida a proteção de seus respectivos direitos. São inúmeros os princípios aplicáveis ao processo administrativo tributário, de natureza constitucional (legalidade, contraditório, ampla defesa, devido processo legal, duplo grau de jurisdição e segurança jurídica); gerais de natureza administrativa (legalidade, impessoalidade, moralidade, publicidade, eficiência, interesse público, proporcionalidade e razoabilidade); e específicos de natureza processual administrativa (motivação, verdade material e valoração das provas, celeridade e gratuidade).

7. O ato administrativo, na qualidade de espécie do gênero ato jurídico, consiste na manifestação unilateral de vontade, do Estado ou de quem lhe faça as vezes, no exercício da função administrativa, dentro dos limites legais de suas competências e atribuições, que tenha por finalidade pública imediata a produção de efeitos jurídicos, devidamente sujeito ao controle de legalidade por órgão jurisdicional competente.

8. O ato administrativo é composto pela conjugação de cinco requisitos essenciais de validade (sujeito ou competência, finalidade, forma, motivo e objeto), em razão do que a ausência de um, ou mais, desses elementos, poderá resultar em consequente nulidade ou anulabilidade.

9. Enquanto os requisitos do ato administrativo consistem nos elementos essenciais de validade, os atributos (presunção de legiti-

midade, imperatividade e autoexecutoriedade) compreendem suas revelantes características.

10. O ato administrativo permanecerá em vigor, produzindo seus respectivos efeitos jurídicos, em virtude de sua presunção de legitimidade, até o momento em que (a) advenha a desnecessidade de sua existência, como no caso em que tenha ocorrido o efetivo cumprimento de sua finalidade; (b) seja reconhecida a sua ilegitimidade por órgão jurisdicional competente; e (c) na situação em que sejam declarados vícios em sua formação.

11. O crédito tributário compreende o direito que detém a Administração Pública de receber recursos financeiros dos administrados, em virtude de fato jurídico tributário (configuração dos elementos relativos à exação tributária, devidamente previstos na norma jurídica de tributação). Em face da tipificação legal e da efetiva ocorrência do fato jurídico (hipótese e consequência), o ente tributante competente terá direito à prestação pecuniária do respectivo sujeito passivo.

12. A autoridade fazendária somente poderá promover o lançamento na hipótese em que a legislação contenha todos os elementos atinentes à regra-matriz de incidência tributária: aspecto pessoal (sujeitos ativo e passivo), aspecto material, aspecto quantitativo (base de cálculo e alíquota), aspecto temporal e aspecto espacial.

13. O lançamento promovido pela autoridade administrativa competente, tendente a exigir o adimplemento de obrigação tributária pelo contribuinte, formaliza-se por intermédio de ato administrativo intitulado Auto de Infração, Auto de Infração e Imposição de Multa, Notificação de Lançamento, dentre outras nomenclaturas.

14. Quando o crédito tributário é exigido pela Administração Pública por meio de lançamento de ofício, e respectiva lavratura de peça punitiva, apresenta-se a possibilidade de que seja percorrido o processo administrativo tributário, por intermédio da apresentação de Defesa ou Impugnação, como forma de apuração e controle de sua legalidade.

15. Na medida em que o Auto de Infração compreende os elementos que demonstrem o fato jurídico tributário, a determinação precisa da matéria objeto de tributação, a apuração do cálculo do montante devido a título de tributo, a identificação do sujeito passivo (direto ou indireto) e a aplicação da penalidade cabível, revela-se como verdadeiro ato de lançamento tributário.

16. A Teoria das Nulidades do Direito Civil considera como atos jurídicos inválidos aqueles que, por conterem vícios, não devam produzir quaisquer efeitos, classificando-os como atos nulos e atos anuláveis; e embora a Teoria das Nulidades seja amplamente divulgada pelo Direito Civil, pertence à Teoria Geral do Direito, de forma que se aplica aos demais ramos do Direito, inclusive ao Administrativo e ao Tributário.

17. Enquanto os vícios, nos termos do Código Civil, encontram-se relacionados às nulidades atinentes aos elementos do ato jurídico (sujeito, objeto e forma), no Direito Administrativo, os vícios podem referir-se a quaisquer um dos requisitos do ato administrativo (sujeito ou competência, forma, objeto, motivo e finalidade). Desse modo, especialmente os atos praticados no âmbito do processo administrativo tributário compreendem matéria inerente à Teoria Geral do Direito, em razão do que nos permite adotar como juridicamente apropriada a classificação que contempla as seguintes espécies: atos nulos e atos anuláveis.

18. A eficácia dos atos praticados no âmbito do processo administrativo tributário encontra-se relacionada à sua celebração em conformidade aos requisitos contidos no ordenamento jurídico, e a inobservância à forma estabelecida implica a privação dos seus efeitos.

19. Os vícios que gravam os atos praticados no processo administrativo tributário classificam-se em duas espécies: atos nulos e atos anuláveis.

20. Considera-se ato administrativo nulo o ato jurídico que, por conter vício essencial, não apresenta condições de produzir quaisquer efeitos jurídicos e nem sequer se encontra passível de convalidação (insanável), uma vez que foi praticado em confronto com as disposições legais e ofensa aos princípios de ordem pública.

21. O ato administrativo nulo gera nulidade, caracterizada pela nulidade absoluta, a qual deriva da ausência de elemento ou de requisito fundamental à formação jurídica do ato, quer em relação à sua forma, quer em relação ao seu fundo.

22. A falta de entrega ou, ainda, a entrega parcial ao contribuinte autuado dos documentos, demonstrativos, provas etc., que embasam o lançamento de ofício, resulta em nulidade absoluta do referido ato administrativo, uma vez que desrespeita inúmeros princípios aplicáveis ao processo administrativo tributário, implicando seu cancelamento. Da mesma forma, em observância aos princípios abordados neste trabalho, caracteriza-se nulo o lançamento de ofício que não contenha todos os elementos essenciais à sua formação, mediante a descrição detalhada do fato, perfeitamente ajustada à hipótese legal de incidência e respectiva penalidade aplicável, dentre outros exemplos examinados neste trabalho.

23. Considera-se ato administrativo anulável o ato jurídico imperfeito que carece de elemento acidental, em que o vício se revela passível de saneamento ou de convalidação; e o ato administrativo anulável gera anulabilidade, caracterizada pela nulidade relativa, a qual, embora decorra de infração a comando normativo, produz efeitos jurídicos enquanto sua anulação não for decretada pela autoridade competente.

24. A ausência de apreciação de todos os argumentos do contribuinte e da Fazenda (falta de motivação); o saneamento das omissões, inexatidões, incorreções e irregularidades pelo julgador tributário (ausência de competência); e o julgamento que extrapola os limites do lançamento de ofício (*ultra petita*), caracteriza anulabilidade das decisões proferidas no processo administrativo tributário, dentre outros exemplos examinados neste trabalho.

25. Embora a legislação do processo administrativo tributário, examinada neste trabalho, prescreva hipóteses relativas às nulidades, entendemos que estas não se apresentam de forma taxativa, uma vez que os vícios (nulidade e anulabilidade) dos atos praticados no âmbito processual decorrem especialmente da inobservância: (a) de quaisquer um dos requisitos do ato administrativo (sujeito ou competência, forma, objeto, motivo e finalidade); e (b) dos princípios de natureza constitucional, dos princípios gerais de natureza administrativa e dos princípios de natureza processual administrativa.

26. Revela-se extremamente corriqueira a identificação de vícios que maculam o processo administrativo tributário, comprometendo, por via de consequência jurídica, tanto a tramitação processual quanto os requisitos de liquidez e de certeza imprescindíveis à constituição do crédito tributário.

27. Por intermédio do ponto de intersecção entre a teoria e a prática, identificamos algumas situações específicas, que permitem sustentarmos o entendimento de que os vícios inerentes ao processo administrativo tributário decorrem, necessariamente, da ausência dos requisitos do ato administrativo e da inobservância aos princípios de natureza constitucional, gerais de natureza administrativa e de natureza processual administrativa.

28. Considerando que os vícios decorrem da inobservância aos requisitos do ato administrativo e do desrespeito aos princípios abordados, dentro de um rigor formal, número significativo de processos administrativos tributários apresentariam, ao menos, uma nulidade processual que (a) poderia configurar a insubsistência ou o cancelamento do lançamento de ofício; ou que (b) poderia anular determinados atos processuais praticados, determinando que outros sejam executados em sua substituição.

Referências bibliográficas

AMARO, Luciano. *Direito Tributário Brasileiro*. 13ª ed. São Paulo: Saraiva, 2007.
ATALIBA, Geraldo. "Contencioso Administrativo". *Revista de Direito Tributário* nº 11/12. Ano 4. São Paulo: RT, janeiro/junho de 1980.
——. *República e Constituição*. São Paulo: RT, 1985.
ÁVILA, Humberto. "A Teoria dos Princípios e o Direito Tributário". *Revista Dialética de Direito Tributário* nº 125. São Paulo: Dialética, 2006.
——. *Teoria dos Princípios*. Da Definição à Aplicação dos Princípios Jurídicos. 8ª ed. São Paulo: Malheiros, 2008.
BALERA, Wagner. *Processo Administrativo Tributário*. São Paulo: RT, 1999.
BARRETO, Aires F. *Curso de Direito Tributário Municipal*. São Paulo: Saraiva, 2009.
BARROS, Flávio Augusto Monteiro de. *Manual de Direito Civil. Lei de Introdução e Parte Geral*. São Paulo: Método, 2005.
BECKER, Alfredo Augusto. *Teoria Geral do Direito Tributário*. São Paulo: Noeses, 2007.
BOBBIO, Norberto. *Teoria do Ordenamento Jurídico (Teoria dell' Ordinamento Giuridico)*. 10ª ed. Tradução de Maria Celeste C. J. Santos. Brasília: Universidade de Brasília, 1999.
BONILHA, Paulo Celso Bergstrom. *Da Prova no Processo Administrativo Tributário*. 2ª ed. São Paulo: Dialética, 1997.
BORGES, José Souto Maior. *Lançamento Tributário*. 2ª ed. São Paulo: Malheiros, 1999.
BOTTALLO, Eduardo Domingos. *Curso de Processo Administrativo Tributário*. São Paulo: Malheiros, 2006.
CABRAL, Antonio da Silva. *Processo Administrativo Fiscal*. São Paulo: Saraiva, 1993.
CAMPILONGO, Paulo Antonio Fernandes. *Os Limites à Revisão do Auto de Infração no Contencioso Administrativo Tributário*. Dissertação de Mestrado. São Paulo: Pontifícia Universidade Católica, 2005. Inédita.
CANTO, Gilberto de Ulhôa. "Consulta ao Fisco". *In:* SANTOS, J. M. de Carvalho (coord.). *Repertório Enciclopédico do Direito Brasileiro*. Vol. XII. Rio de Janeiro: Borsoi.
CARRAZZA, Roque Antonio. *Curso de Direito Constitucional Tributário*. 24ª ed. São Paulo: Malheiros, 2008.
——. *ICMS*. 13ª ed. São Paulo: Malheiros, 2009.
CARVALHO, Paulo de Barros. *Curso de Direito Tributário*. 19ª ed. São Paulo: Saraiva, 2007.
——. *Direito Tributário Linguagem e Método*. 2ª ed. São Paulo: Noeses, 2008.
CINTRA, Antonio Carlos de Araújo; GRINOVER, Ada Pellegrini; DINAMARCO, Cândido Rangel. *Teoria Geral do Processo*. 24ª ed. São Paulo: Malheiros, 2008.
COÊLHO, Sacha Calmon Navarro. *Curso de Direito Tributário Brasileiro*. 9ª ed. Rio de Janeiro: Forense, 2006.
CONRADO, Paulo Cesar. *Processo Tributário*. São Paulo: Quartier Latin, 2004.
COSTA, Regina Helena. *Praticabilidade e Justiça Tributária* – Exequibilidade da Lei Tributária e Direitos do Contribuinte. São Paulo: Malheiros, 2007.

CRETELLA JR., José. *Controle Jurisdicional do Ato Administrativo*. 3ª ed. Rio de Janeiro: Forense, 1993.

DERZI, Mizabel Abreu Machado. *Legitimidade Material, Modo de pensar "Tipificante" e Praticidade no Direito Tributário*. Justiça Tributária – 1º Congresso Internacional de Direito Tributário – Ibet. São Paulo: Max Limonad, 1998.

DIAS, Manoel Antonio Gadelha. "O Vício Formal no Lançamento Tributário". *In:* TÔRRES, Heleno Taveira; QUEIROZ, Mary Elbe; FEITOSA, Raymundo Juliano (coords.). *Direito Tributário e Processo Administrativo Aplicados*. São Paulo: Quartier Latin, 2005.

DINAMARCO, Cândido Rangel; GRINOVER, Ada Pellegrini; CINTRA, Antonio Carlos de Araújo. *Teoria Geral do Processo*. 24ª ed. São Paulo: Malheiros, 2008.

DINIZ, Maria Helena. *Curso de Direito Civil Brasileiro*. Teoria Geral do Direito Civil. 1º vol. 20ª ed. São Paulo: Saraiva, 2003.

——. *Curso de Direito Civil Brasileiro*. Teoria Geral das Obrigações. 2º vol. 17ª ed. São Paulo: Saraiva, 2003.

——. *Dicionário Jurídico*. 3ª ed. São Paulo: Saraiva, 2008.

DI PIETRO, Maria Sylvia Zanella. *Direito Administrativo*. 12ª ed. São Paulo: Atlas, 2000.

EMERENCIANO, Adelmo da Silva. *Procedimentos Fiscalizatórios e a Defesa do Contribuinte*. 2ª ed. São Paulo: Copola, 2000.

FAGUNDES, Miguel Seabra. *O Controle dos Atos Administrativos pelo Poder Judiciário*. Rio de Janeiro: Forense, 1967.

FIUZA, César. *Direito Civil*. Curso Completo. 12ª ed. Belo Horizonte: Del Rey, 2008.

GAMA, Tácio Lacerda. *Competência Tributária – Fundamentos para uma Teoria da Nulidade*. São Paulo: Noeses, 2009.

GARNER, Bryan A. *Black's Law Dictionary*. 8ª ed. St. Paul, USA: Thomson West, 2007.

GIARDINO, Cléber. "Auto de Infração. Revisão 'de Ofício' Promovida pelo Próprio Agente Fiscal. Comentário sobre: Instituto da Consulta em Matéria Tributária". *Revista de Direito Tributário* nº 39. São Paulo: janeiro/março de 1987.

——. "Conflitos entre Imposto sobre Produtos Industrializados e Imposto sobre Operações Relativas à Circulação de Mercadorias". *Revista de Direito Tributário* nº 13/14. Ano 4. São Paulo: RT, julho/dezembro de 1980.

GOMES, Orlando. *Obrigações*. 16ª ed. Rio de Janeiro: Forense, 2004.

GONÇALVES, José Artur Lima. *Imposto sobre a Renda – Pressupostos Constitucionais*. São Paulo: Malheiros, 1997.

GORDILLO, Agustin. *Princípios Gerais de Direito Público*. Tradução de Marco Aurélio Greco. São Paulo: RT, 1977.

GRECO FILHO, Vicente. *Direito Processual Civil Brasileiro*. 2º vol. 14ª ed. São Paulo: Saraiva, 2000.

GRECO, Marco Aurélio. "Processo Administrativo Tributário". *In:* MARTINS, Ives Gandra da Silva (coord.). *Processo Administrativo Tributário*. Pesquisas Tributárias. Nova Série – 5. São Paulo: CEU e RT, 1999.

GRINOVER, Ada Pellegrini; CINTRA, Antonio Carlos de Araújo; DINAMARCO, Cândido Rangel. *Teoria Geral do Processo*. 24ª ed. São Paulo: Malheiros, 2008.

GRUPENMACHER, Betina Treiger. "O Princípio da Publicidade e a Garantia do Sigilo no Processo Administrativo". *In:* ROCHA, Valdir de Oliveira (coord.). *Processo Administrativo Fiscal*. 5º vol. São Paulo: Dialética, 2000.

GUERRA, Renata Rocha. *Auto de Infração Tributário – Produção e Estrutura*. Dissertação de Doutorado. São Paulo: Pontifícia Universidade Católica, 2004.

HOFFMANN, Suzy Gomes. *Teoria da Prova no Direito Tributário*. Paraná: Copola, 1999.

HORVATH, Estevão. *Lançamento Tributário e "Autolançamento"*. São Paulo: Dialética, 1997.

KELSEN, Hans. *Teoria Pura do Direito*. 3ª ed. São Paulo: Martins Fontes, 1991.

LAPATZA, Jose Juan Ferreiro. *Curso de Derecho Financiero Español*. 12ª ed. Madri: Marcial Pons, 1990.

LIMA, Ruy Cirne. *Princípios de Direito Administrativo*. 5ª ed. São Paulo: RT, 1982.

LÓPEZ, Maria Teresa Martínez; NEDER, Marcos Vinicius. *Processo Administrativo Fiscal Federal Comentado*. São Paulo: Dialética, 2002.

LUÑO, Antonio-Enrique Pérez. *La Seguridad Jurídica*. Barcelona: Ariel, 1991.

MACHADO, Hugo de Brito. *Os Princípios Jurídicos da Tributação na Constituição de 1988*. 5ª ed. São Paulo: Dialética, 2004.

MAIA, Mary Elbe Gomes Queiroz. *Do Lançamento Tributário – Execução e Controle*. São Paulo: Dialética, 1999.

MARINS, James. *Direito Processual Tributário Brasileiro* (Administrativo e Judicial). 5ª ed. São Paulo: Dialética, 2010.

MARTINS, Ives Gandra da Silva. "Lançamento: Procedimento Administrativo". *In*: ROCHA, Valdir de Oliveira (coord.). *Processo Administrativo Fiscal*. 2º vol. São Paulo: Dialética, 1997.

——. (coord.) *Processo Administrativo Tributário*. Pesquisas Tributárias. Nova Série – 5. São Paulo: CEU e RT, 1999.

MATTOS, Francisco de Souza. "A Consulta Fiscal". *Revista dos Tribunais* nº 205. São Paulo.

MEIRELLES, Hely Lopes. *Direito Administrativo Brasileiro*. 35ª ed. Atualizada por AZEVEDO, Eurico de Andrade; ALEIXO, Délcio Balestero; BURLE FILHO, José Manuel. São Paulo: Malheiros, 2009.

MELLO, Celso Antônio Bandeira de. *Curso de Direito Administrativo*. 26ª ed. São Paulo: Malheiros, 2009.

MELLO, Oswaldo Aranha Bandeira de. *Princípios de Direito Administrativo*. Vol. I. Introdução. 3ª ed. São Paulo: Malheiros, 2007.

MELO, Fábio Soares de. "Compensação Tributária. Utilização de Precatórios (em Fase Judicial) como Forma de Extinção do Crédito Tributário no Âmbito do Estado de São Paulo". *In*: DIAS, Karem Jureidini; PEIXOTO, Marcelo Magalhães (coords.). *Compensação Tributária*. São Paulo: MP, 2008.

——. "Controle de Legalidade, Liquidez e Certeza na Constituição do Crédito Tributário – Conselho Municipal de Tributos de São Paulo". *In*: CARVALHO, Antonio Augusto Pereira de; FERNÁNDEZ, German Alejandro San Martín (coords.). *Estudos em Homenagem a José Eduardo Monteiro de Barros. Direito Tributário*. São Paulo: Apet e MP, 2010.

——. "Imposto sobre Produtos Industrializados (IPI) e Imposto sobre Serviços de Qualquer Natureza (ISS). Impossibilidade das Referidas Exigências sobre as Importações de Produtos Industrializados e de Prestações de Serviços". *In*: BOTTALLO, Eduardo Domingos (coord.). *Direito Tributário – Homenagem a Geraldo Ataliba*. São Paulo: Quartier Latin, 2005.

——. "Imposto sobre Serviços de Qualquer Natureza (ISS). Arrendamento Mercantil (*Leasing*). Critérios para Definição do Município Competente. Lei Complementar nº 116/03". *Revista Dialética de Direito Tributário* nº 102. São Paulo: Dialética, 2004.

——. "Incentivos Fiscais e Segurança Jurídica". *In*: MARTINS, Ives Gandra da Silva; ELALI, André; PEIXOTO, Marcelo Magalhães (coords.). *Incentivos Fiscais – Questões Pontuais nas Esferas Federal, Estadual e Municipal*. São Paulo: MP e Apet, 2007.

——. "Pagamento de Tributo por Intermédio de Instituição Financeira Autorizada. Extinção do Crédito Tributário. Ausência de Repasse dos Recursos ao Ente Tributante. Configuração de Fraude. Impossibilidade de Exigência do Adimplemento pelo Contribuinte". *In*: FERNANDES, Edison Carlos; PEIXOTO, Marcelo Magalhães (coords.). *Tributação, Justiça e Liberdade. Homenagem a Ives Gandra da Silva Martins*. Curitiba: Apet e Juruá, 2005.

——. "Princípio da Eficiência, Nulidade e o Processo Administrativo Federal". *In*: SOUZA, Priscila de (coord.). *Direito Tributário e os Conceitos de Direito Privado. VII Congresso Nacional de Estudos Tributários do Ibet*. São Paulo: Noeses, 2010.

MELO, José Eduardo Soares de. *Curso de Direito Tributário*. 9ª ed. São Paulo: Dialética, 2010.

——. *ICMS – Teoria e Prática*. 11ª ed. São Paulo: Dialética, 2009.

——. *In*: MARTINS, Ives Gandra da Silva (coord.). *Princípio da Eficiência em Matéria Tributária*. Pesquisas Tributárias. Nova Série – 12. São Paulo: CEU e RT, 2006.

——. *Processo Administrativo Tributário*. Nulidades nº 4. São Paulo: RT, 1993.

——. *Processo Tributário Administrativo e Judicial*. 2ª ed. São Paulo: Quartier Latin, 2009.

MELO, Márcia Soares de. "O Lançamento Tributário e a Decadência". *In:* MACHADO, Hugo de Brito (coord.). *Lançamento Tributário e Decadência*. São Paulo e Ceará: Dialética e Icet, 2002.

MINATEL. José Antonio. "Dupla Instância, Formação Paritária e Avocatória no Processo Administrativo Tributário". *In:* ROCHA, Valdir de Oliveira (coord.). *Processo Administrativo Fiscal*. 4º vol. São Paulo: Dialética, 1999.

MOSQUERA, Roberto Quiroga. *Renda e Proventos de Qualquer Natureza*. O Imposto e o Conceito Constitucional. São Paulo: Dialética, 1996.

——. *Tributação no Mercado Financeiro e de Capitais*. 2ª ed. São Paulo: Dialética, 1999.

NEDER, Marcos Vinicius; LÓPEZ, Maria Teresa Martínez. *Processo Administrativo Fiscal Federal Comentado*. São Paulo: Dialética, 2002.

OLIVEIRA, Régis Fernandes de. *Ato Administrativo*. 2ª ed. São Paulo: RT, 1980.

OLIVEIRA, Ricardo Mariz de. "O Processo Fiscal Federal na Visão da Defesa". *In:* ROCHA, Valdir de Oliveira (coord.). *Processo Administrativo Fiscal*. 4º vol. São Paulo: Dialética, 1999.

PEIXOTO, Karem Jureidini Dias de Mello. *Auto de Infração de Natureza Tributária – Pressupostos e Presunções*. Dissertação de Mestrado. São Paulo: Pontifícia Universidade Católica, 2001. Inédita.

QUEIROZ, Mary Elbe. "A Revisão do Lançamento Tributário (o Controle do Ato de Lançamento como Fator de Segurança Jurídica)". *In:* ROCHA, Valdir de Oliveira (coord.). *Processo Administrativo Fiscal*. 6º vol. São Paulo: Dialética, 2002.

RIBAS, Lídia Maria Lopes Rodrigues. *Processo Administrativo Tributário*. 3ª ed. São Paulo: Malheiros, 2008.

ROCHA, Sergio André. *Processo Administrativo Fiscal* – Controle Administrativo do Lançamento Tributário. 2ª ed. Rio de Janeiro: Lumen Juris, 2007.

ROCHA, Valdir de Oliveira. *A Consulta Fiscal*. São Paulo: Dialética, 1996.

RODRIGUES, Silvio. *Direito Civil*. Parte Geral. 1º vol. 25ª ed. São Paulo: Saraiva, 1995.

SALOMÃO, Marcelo Viana. "Processo Administrativo Tributário Estadual". *In:* SANTI, Eurico Marcos Diniz de (coord.). *Segurança Jurídica na Tributação e Estado de Direito. II Congresso Nacional de Estudos Tributários*. São Paulo: Noeses e Ibet, 2005.

SANTI, Eurico Marcos Diniz de. *Lançamento Tributário*. São Paulo: Max Limonad, 1996.

SEIXAS FILHO, Aurélio Pitanga. *Princípios do Direito Administrativo Tributário*. A Função Fiscal. Rio de Janeiro: Forense, 1995.

SILVA, De Plácido e. *Vocabulário Jurídico*. Vol. III. Rio de Janeiro e São Paulo: Forense, 1963.

SILVA, José Afonso da. *Curso de Direito Constitucional Positivo*. 21ª ed. São Paulo: Malheiros, 2002.

SOUSA, Rubens Gomes de. "Efeito Vinculatório das Decisões de Consultas". *Revista dos Tribunais* nº 246. São Paulo.

TORRES, Luis R. Carranza. *Planteos em Defensa de los Derechos del Contribuyente Frente al Fisco*. Doctrina y Análisis de Casos. Buenos Aires: Legis Argentina, 2007.

UCKMAR, Victor. *Princípios Comuns de Direito Constitucional Tributário*. São Paulo: RT, 1976.

XAVIER, Alberto. *Do Lançamento. Teoria Geral do Ato, do Procedimento e do Processo Tributário*. 2ª ed. Rio de Janeiro: Forense, 1997.

——. *Os Princípios da Legalidade e da Tipicidade da Tributação*. São Paulo: RT, 1978.

——. *Princípios do Processo Administrativo e Judicial Tributário*. Rio de Janeiro: Forense, 2005.

Impressão:
Evangraf
Rua Waldomiro Schapke, 77 - POA/RS
Fone: (51) 3336.2466 - (51) 3336.0422
E-mail: evangraf.adm@terra.com.br